AF597608

Forum Datenschutz (Neue Folge)

Herausgegeben von

dem Hessischen Beauftragten für
Datenschutz und Informationsfreiheit
Prof. Dr. Alexander Roßnagel, Wiesbaden

Band 3

Alexander Roßnagel | Astrid Wallmann (Hrsg.)

Stärkung der Forschung durch Datenschutz

Nomos

Onlineversion
Nomos eLibrary

Die Deutsche Nationalbibliothek verzeichnet diese Publikation in der Deutschen Nationalbibliografie; detaillierte bibliografische Daten sind im Internet über http://dnb.d-nb.de abrufbar.

ISBN 978-3-7560-1362-3 (Print)

ISBN 978-3-7489-1890-5 (ePDF)

1. Auflage 2023

Vorwort

Am 6. Oktober 2022 fand im Hessischen Landtag eine Feier zum Erlass des ersten Hessischen Datenschutzgesetzes und damit des ersten Datenschutzgesetzes der Welt vor 52 Jahren statt. Zugleich wurde die Errichtung der ersten Datenschutzaufsichtsbehörde vor 51 Jahren in Hessen und der erste Tätigkeitsbericht eines Landesdatenschutzbeauftragten vor 50 Jahren gefeiert. Diese Feierlichkeiten wurden zusammengefasst und zu einem späteren Zeitpunkt begangen, als es eigentlich zu dem jeweils runden Geburtstag gepasst hätte, weil die Corona-Pandemie in den Jahren zuvor solche Feierstunden verhindert hatte.

Zugleich wurde an diesem Nachmittag die Tradition des Wiesbadener Forums Datenschutz mit einer wissenschaftlichen Tagung zum Thema „Stärkung der Forschung durch Datenschutz" wiederaufgenommen. Dieses 25. Forum Datenschutz fand traditionell im Plenarsaal des Hessischen Landtages statt.

Das Verhältnis von Forschung und Datenschutz noch stärker als bisher in den Blick zu nehmen ist ein wichtiges Thema. Beide sind für die zukünftige Entwicklung unserer Gesellschaft von großer Bedeutung. Ohne die Erkenntnisse der Wissenschaft, die auf die Fülle der vorliegenden Daten über natürliche und gesellschaftliche Zusammenhänge und Entwicklungen angewiesen ist, werden die Herausforderungen der Zukunft nicht zu bewältigen sein. Ohne Daten- und Grundrechtsschutz – insbesondere hinsichtlich der Verarbeitung personenbeziehbarer Daten – wird die künftige digitale Gesellschaft nicht menschengerecht und lebenswert sein. Forschung und Datenschutz müssen daher konstruktiv im Sinn einer datenschutzgerechten Forschung zusammenwirken. Daher hat die Konferenz der unabhängigen Datenschutzaufsichtsbehörden des Bundes und der Länder das Thema Forschungsdaten zu ihrem inhaltlichen Schwerpunkt für das Jahr 2022 ausgewählt. Aus diesem Grund haben wir die Frage, wie der Datenschutz zu einer Stärkung der Forschung beitragen kann, auch zum Thema des 25. Forums Datenschutz bestimmt. In bewährter Tradition führten der Hessische Landtag und der Hessische Beauftragte für Datenschutz und Informationsfreiheit dieses Forum gemeinsam durch.

Wiesbaden, April 2023 *Alexander Roßnagel, Astrid Wallmann*

Inhaltsverzeichnis

1 Begrüßung

Astrid Wallmann, Präsidentin des Hessischen Landtages

Sehr geehrter Herr Prof. Kelber,
sehr geehrter Herr Prof. Roßnagel,
sehr geehrter Herr Prof. Ronellenfitsch,
sehr geehrte Frau Prof. Boehm,
sehr geehrter Herr Prof. Federrath,
sehr geehrter Herr Prof. Hilgendorf,
sehr geehrte Damen und Herren Abgeordnete des Hessischen Landtages
– ich darf namentlich Frau Gersberg ganz herzlich begrüßen –,
meine sehr geehrten Damen und Herren!

Ich freue mich sehr, Sie zum 25. Wiesbadener Forum Datenschutz hier im Plenarsaal des Hessischen Landtages begrüßen zu dürfen.

Wir haben heute Vormittag einen Blick in die Vergangenheit geworfen und einen Festakt zu den Jubiläen „50 Jahre Datenschutz in Hessen“ und „50 Jahre hessisches Datenschutzgesetz“ abgehalten. Eigentlich sind es mittlerweile jeweils bereits 52 Jahre; coronabedingt konnten wir die Veranstaltung jedoch leider erst in diesem Jahr durchführen.

Dass wir jetzt zum 25. Mal das Wiesbadener Forum Datenschutz durchführen, ist eine besondere Tradition. Ich finde es auch sehr gelungen, die beiden Veranstaltungen auf diese Art und Weise zusammenzuführen, weil sie den Blick auf die aktuellen Herausforderungen und Fragestellungen und somit auf die Gegenwart des Datenschutzes lenken. Ich glaube, wir alle sind uns einig, dass die Relevanz und die Bedeutung des Datenschutzes immer weiter zunehmen und im Leben eines jeden Einzelnen eine immer größere Rolle spielen.

Ich freue mich ganz besonders, dass ich als Präsidentin des Hessischen Landtages zusammen mit Herrn Prof. Roßnagel, dem Hessischen Beauftragten für Datenschutz und Informationsfreiheit, zum ersten Mal zum Wiesbadener Forum Datenschutz in den Landtag einladen darf. Ich bin zudem sehr dankbar, dass wir für dieses Forum vier herausragende Referentinnen und Referenten gewinnen konnten. Ich möchte mich bei Ihnen persönlich sehr herzlich bedanken, dass Sie für dieses Format zur Verfügung stehen.

Einer bewährten Tradition folgend, wurde auch für dieses Forum ein Schwerpunktthema gewählt, das diesmal die „Stärkung der Forschung durch Datenschutz“ in den Blick nimmt.

Ich bin sehr froh, dass wir mit dem Forum den Datenschutz und die aktuellen Erkenntnisse zu diesem Thema weiter in die Öffentlichkeit bringen. Es ist wichtig, über das Thema Datenschutz, das mitunter kontrovers diskutiert wird, zu sprechen, sich darüber auszutauschen und es vor allem immer wieder einer breiteren Öffentlichkeit bekannt zu machen und dafür zu sensibilisieren.

Ich möchte nicht vergessen zu erwähnen, dass diese Veranstaltung ohne die zahlreichen Unterstützerinnen und Unterstützer gar nicht möglich wäre – und ich darf daher sicher auch im Namen von Herrn Prof. Roßnagel sagen: Ganz herzlichen Dank an die Mitarbeiterinnen und Mitarbeiter des Beauftragten für Datenschutz und Informationsfreiheit sowie der Kanzlei des Hessischen Landtages. Vielen Dank, dass Sie diese Veranstaltung erst möglich gemacht haben.

Ich wünsche Ihnen allen eine spannende und gewinnbringende Veranstaltung und vor allem einen guten Austausch. Persönlich wünsche ich mir, dass noch viele weitere Foren folgen. Der Hessische Landtag steht Ihnen dafür offen. Ich freue mich auf die weitere Zusammenarbeit.

Herzlichen Dank.

2 Einführung

Prof. Dr. Alexander Roßnagel,
Hessischer Beauftragter für Datenschutz und Informationsfreiheit

Sehr geehrte Frau Präsidentin Wallmann! Haben Sie vielen Dank für die freundliche Begrüßung und die kundige Einführung in das Thema des 25. Wiesbadener Forums Datenschutz. Ich freue mich sehr, dass wir beide nach zwei Jahren Corona-Pause die Tradition dieses Forums fortsetzen und es gemeinsam hier im Hessischen Landtag durchführen. Für uns beide ist es jeweils das erste Mal.

Meine sehr verehrten Damen und Herren! Forschung und Datenschutz werden vielfach als Gegensätze wahrgenommen. Beides aber, die Forschungsfreiheit und die informationelle Selbstbestimmung, sind Grundrechte. Sie bedürfen einer Zuordnung, die das jeweils andere Grundrecht möglichst wenig einschränkt. Gelingt diese Zuordnung, können sie sich gegenseitig ergänzen und befördern.

Forschung ist auf Vertrauen angewiesen, wenn betroffene Personen den Forschenden ihre personenbezogenen Daten anvertrauen sollen. Eine vertrauenswürdige Datennutzung ist nur unter Wahrung der Persönlichkeitsrechte dieser Personen möglich. Eine wesentliche Grundlage für Vertrauen ist also ein überzeugender Schutz ihrer informationellen Selbstbestimmung. Insofern ist Datenschutz eine Voraussetzung für Forschung mit personenbezogenen Daten.

Datenschutz wiederum ist auf die Gestaltung von Forschungsprozessen angewiesen, die informationelle Selbstbestimmung schützt und unterstützt. Dies setzt voraus, dass Forschende die Bedeutung des Datenschutzes erkennen und ihre Datensammlungen und Auswertungsverfahren unter Berücksichtigung des Datenschutzes konzipieren.

Das 25. Forum Datenschutz verfolgt daher die übergeordnete Fragestellung, wie Forschung und Datenschutz gemeinsam das Ziel eines menschenwürdigen Fortschritts durch verantwortungsvolle Datennutzung erreichen können. Hierzu haben wir vier Vorträge vorgesehen.

Zuerst wird Herr Prof. Ulrich Kelber, der Bundesbeauftragte für den Datenschutz und die Informationsfreiheit und in diesem Jahr Sprecher der Konferenz der unabhängigen Datenschutzaufsichtsbehörden, der Frage nachgehen, welcher rechtspolitische Rahmen notwendig ist, um das Ziel einer verantwortungsvollen Datennutzung zu erreichen, und was getan werden muss, um diesen Rahmen zu gestalten.

Sodann wird Frau Prof. Franziska Boehm vom Karlsruher Institut für Technologie untersuchen, welche besondere Berücksichtigung von Forschungsinteressen die Datenschutz-Grundverordnung vorsieht und wie diese Sonderregeln in der Praxis zur Anwendung kommen können.

Nach der Kaffeepause wird Herr Prof. Hilgendorf von der Universität Würzburg den künftigen europäischen Rechtsrahmen einbeziehen und sich der Frage zuwenden, welche Handlungsmöglichkeiten dieser vorsieht, um künftig bis zu 13 Datenräume einzurichten, die auch für Forschungszwecke genutzt werden können. Wie verhält sich die so ermöglichte Datennutzung zu den europäischen Vorgaben des Datenschutzes?

Schließlich wird uns Herr Prof. Hannes Federrath, Universität Hamburg, als Informatiker erläutern, wie modernste Methoden der Informatik dazu beitragen könnten, effektive Forschungsprozesse ohne Datenschutzprobleme zu ermöglichen.

Für jeden Themenblock haben wir insgesamt 40 Minuten vorgesehen. Die Referenten wurden gebeten, ihren Vortrag auf 25 Minuten zu begrenzen, sodass wir zu jedem Vortrag 15 Minuten Zeit für die Diskussion haben.

Ich darf Herrn Kelber einladen, mit seinem Vortrag zum Thema „Wissenschaftliche Forschung – selbstverständlich mit Datenschutz“ zu beginnen.

3 Wissenschaftliche Forschung – selbstverständlich mit Datenschutz

Prof. Ulrich Kelber,
Der Bundesbeauftragte für den Datenschutz und die Informationsfreiheit

Ich bedanke mich sehr herzlich für die Einladung, hier meine Auffassung zu dem vermeintlichen Widerspruch zwischen Forschung und Datenschutz darzustellen. Das Thema war und ist ein aktueller Arbeitsschwerpunkt meines Hauses sowie der deutschen Datenschutzkonferenz.

3.1 Wissenschaftsfreiheit versus Recht auf informationelle Selbstbestimmung

Warum gerade im Gesundheitsbereich so oft über den Datenschutz gestöhnt wird, ist eigentlich unverständlich. Die Ärztliche Schweigepflicht, deren Ursprung im *Hippokratischen Eid* von ca. 430 v. Chr. liegt, war die erste schriftlich niedergelegte Datenschutzbestimmung überhaupt.

Heute findet sich die Ärztliche Schweigepflicht nicht nur in der Genfer Deklaration vom September 1948, sondern noch näher ausgeführt in § 10 der (Muster-)Berufsordnung für die deutschen Ärztinnen und Ärzte, die von den regionalen Ärztekammern bundesweit als bindendes Standesrecht verabschiedet werden. Strafrechtlich wird ein Verstoß hiergegen sogar nach § 203 StGB unter Strafe gestellt.

Datenschutz wird im medizinischen Bereich in aller Regel nur pauschal als Hinderungsgrund genannt. Fragt man einmal konkret nach, wird es für die Argumentation der Datenschutzgegner meist schwierig oder zumindest sehr abstrakt, wie die nicht erfüllbare Forderung nach Sekundärnutzung grundsätzlich aller Gesundheitsdaten.

Das hält einzelne Vertreterinnen und Vertreter nicht davon ab, diejenigen, die Datenschutz und Datensicherheit einfordern, mit ätzender Kritik zu überhäufen. Unter der angeblichen Schuld an tausenden Toten geht es in den Talkshows und Leitartikeln nicht. Die Krönung besteht darin, wenn Verantwortliche, die bei ihren Lösungen keinerlei Standards einhalten, keine einfachsten Sicherungen nutzen, anderen übertriebene Anforderungen anzudichten versuchen.

Der vermeintliche Konflikt zwischen dem Grundrecht auf Wissenschaftsfreiheit aus Art. 5 Abs. 3 GG und dem durch Art. 2 Abs. 1 i.V.m. Art. 1 Abs. 1 GG geschützten (Grund-)Recht auf informationelle Selbstbestimmung (Grundrecht auf Datenschutz) wird von der Rechtsprechung des Bundesverfassungsgerichts nach dem von Konrad Hesse entwickelten Grundsatz der „Praktischen Konkordanz" gelöst, d.h. kein Grundrecht steht über dem anderen, sondern es sind Lösungen zu finden, die allen Grundrechten möglichst gerecht werden.

Insgesamt ist die Datenschutz-Grundverordnung in ihren Reglungen sehr forschungsfreundlich. Dies zeigt sich nicht nur in den Formulierungen von Art. 5 und Art. 89 DSGVO und anderen Vorschriften, sondern auch deutlich in verschiedenen Erwägungsgründen der Verordnung. Dazu werden wir ja gleich auch noch einiges hören, denke ich.

Die Beschwerden über einen unzureichenden Zugang zu Forschungsdaten, die zum Teil am Datenschutz festgemacht werden, reichen jahrzehntelang zurück. Im letzten Jahr legte der Sachverständigenrat zur Begutachtung der Entwicklung im Gesundheitswesen dem Deutschen Bundestag das Gutachten zur *„Digitalisierung für Gesundheit – Ziele und Rahmenbedingungen eines dynamisch lernenden Gesundheitssystems"* vor (BT-Drs. 19/28700 vom 30. März 2021), in welchem dem Datenschutz die Rolle eines Verhinderers im Forschungsbereich zugeschrieben und nicht nur unterschwellig der Vorwurf gemacht wird, dem Schutz von Leben und Gesundheit entgegenzustehen.

Im Bereich der wissenschaftlichen Forschung sind im Jahr 2021 weitere wichtige Gutachten vorgelegt worden, die Einfluss auch auf den Koalitionsvertrag der Ampelkoalition hatten.

Dazu gehört zum einen das zu Recht viel beachtete Gutachten von Frau Prof. Dr. Louisa Specht-Riemenschneider (Uni Bonn) *„Studie zur Regulierung eines privilegierten Zugangs zu Daten für Wissenschaft und Forschung durch die regulatorische Verankerung von Forschungsklauseln in den Sektoren Gesundheit, online-Wirtschaft, Energie und Mobilität"* und zum anderen das gemeinsame Gutachten der TMF (Technologie- und Methodenplattform für die vernetzte medizinische Forschung e.V) und des BQS (Institut für Qualität & Patientensicherheit GmbH) *„Gutachten zur Weiterentwicklung medizinischer Register zur Verbesserung der Dateneinspeisung und -anschlussfähigkeit"*.

Das Gutachten von Frau Prof. Specht-Riemenschneider, das diese im Auftrag des Bundesministeriums für Bildung und Forschung erstellt hatte, war im Sommer 2021 vorgelegt worden und enthält u.a. den Vorschlag eines Gesundheitsforschungsdatenzugangsgesetzes. Das Gutachten enthält weiter den Vorschlag, durch Einführung von Datentreuhandstrukturen datenschutzgerecht Forschenden Zugang zu Gesundheitsdaten zu verschaffen. Nicht alle Vorschläge von Prof. Specht-Riemenschneider lassen sich aus meiner Sicht umsetzen, schon gar nicht 1:1, aber das Gutachten enthält eine Reihe von sehr diskussionswürdigen Ansätzen. Einige waren auch davor schon in der Datenschutz-Community angesprochen und als Lösungswege vorgeschlagen worden.

Das gemeinsame Gutachten der TMF und der BQS zu den medizinischen Registern wurde im Auftrag des Bundesgesundheitsministeriums erstellt und am 15. Dezember 2021 in einem Workshop vorgestellt.

Das gut 300 Seiten starke Werk betrachtet die ca. 270 medizinischen Register, die – soweit nicht in staatlicher Hand – im Wesentlichen von medizinischen Fachgesellschaften und überwiegend auf Einwilligungsbasis geführt werden. Auch hier lassen sich nicht alle Vorstellungen (Wünsche) der Gutachter umsetzen, wie etwa die Vorstellung, dass eine Zentralstelle für medizinische Register entscheiden kann, ob ein Register ohne Einwilligung von Patienten deren Daten erheben, speichern und Forschenden zur Verfügung stellen darf. Dies würde auf eine (nicht vorgesehene) Dispensierung von Vorgaben der Datenschutz-Grundverordnung durch eine staatliche Stelle hinauslaufen.

Allerdings ist die Idee einer Zentralstelle für medizinische Register durchaus zu begrüßen. Einer der Vorteile, die das Gutachten der TMF und der BQS hierin sieht ist, dass Forschende hier Anfragen stellen können sollen, um zu erfahren, wo überhaupt sich die von ihnen begehrten Registerdaten befinden. An solchen Fragen scheitert heute Forschung nämlich häufiger als an Datenschutzvorgaben. Die Zentralstelle für medizinische Register selbst soll keine Daten speichern, sondern nur erfassen, wo sich qualifizierte Register mit Gesundheitsdaten befinden.

Beide Gutachten haben sicherlich Einfluss darauf gehabt, dass sich im Koalitionsvertrag zwischen SPD, Bündnis 90/Die Grünen und FDP folgende Passage findet: *„Zudem bringen wir ein Registergesetz und ein Gesundheitsdatennutzungsgesetz zur besseren wissenschaftlichen Nutzung in Einklang mit der DSGVO auf den Weg und bauen eine dezentrale Forschungsdateninfrastruktur auf.“*

Dazu hat es inzwischen auch Gespräche im Bundesgesundheitsministerium gegeben und mein Haus hat deutlich signalisiert, dass wir das Ministerium bei der Schaffung dieses Gesetzes konstruktiv begleiten werden. Das Bundesgesundheitsministerium wies bereits auf bestehende Probleme bei der Schaffung des Gesetzes hin. Dies fängt bei der Kompetenz des Bundes für ein solches Gesetz an. Denn, lassen Sie mich auch dies an dieser Stelle deutlich sagen: Oft scheitert eine gemeinsame Nutzung und damit eine Forschung mit hohen Fallzahlen nicht an der Datenschutz-Grundverordnung, sondern an fehlender Interoperabilität und inkompatiblen Erfassungsstrukturen.

Teilweise erschweren unterschiedliche landesrechtliche Regelungen, also unser föderaler Staatsaufbau, länderübergreifende Projekte. Wenn jedes Bundesland andere Regelungen zur Erfassung von statistischen Daten im Gesundheitswesen hat und diese Daten jeweils unterschiedlich gespeichert werden, erschwert genau dies eine bundesweite Auswertung, nicht der Datenschutz an sich.

3.2 Forschungsdatenzugang

Ein datenschutzrechtlicher „Knackpunkt" ist die Forderung nach einem „Unique Identifier", der keineswegs nur für den Bereich der medizinischen Forschung beschränkt sein soll. Ziel ist es nämlich, nicht nur medizinische Register miteinander zu verknüpfen, sondern auch Forschungsdaten aus dem Bereich der Sozialwissenschaften einzubeziehen.

So sei es in vielen Fällen etwa erforderlich, Daten aus medizinischen Registern beispielsweise mit Daten aus dem Arbeitsleben, etwa aus dem Forschungsdatenzentrum des IAB (Institut für Arbeitsmarkt und Berufsforschung der Bundesagentur für Arbeit) zu verknüpfen, um berufsbedingte Erkrankungen nachverfolgen zu können. Auch eine Verknüpfung mit Daten aus dem Bereich der gesetzlichen Krankenkassen und der Deutschen Rentenversicherungen kämen in Betracht.

Die Daten der gesetzlichen Krankenkassen sollen für die wissenschaftliche Forschung über das geplante Forschungszentrum beim Bundesinstitut für Arzneimittel und Medizinprodukte und die Daten der deutschen Rentenversicherungen über das Forschungsdatenzentrum bei der Deutschen Rentenversicherung Bund bereitgestellt werden. Hier gibt es bereits mit den Sozialversicherungsnummern bereichsspezifische Unique Identifier, deren Nutzung allerdings auf den Bereich der Sozialversicherungsrechts (und nach einer Rechtsänderung auch für die amtliche Statistik) eingeschränkt ist.

Nach großzügiger Auslegung kommen hier auch Forschungsvorhaben, die eine Genehmigung im Sinne von § 75 SGB X benötigen, in Betracht.

Problematisch ist, dass den Forschenden – nach skandinavischem Modell – eine allumfassende Personenkennziffer (PKZ) vorschwebt, etwa die Steuer-ID. Mit dieser Lösung, die die letzte Bundesregierung im Registermodernisierungsgesetz für andere Register festgeschrieben hat, haben wir Datenschützer allerdings noch eine Menge Probleme, die aktuell auch unter Beteiligung meines Hauses, noch einmal geprüft werden.

Ich erinnere hier nur an sehr einschlägige Entscheidungen des Bundesverfassungsgerichts, so dass dieser Weg auch für die Forschenden zu einer Sackgasse werden könnte.

Dies ist aber kein Problem der medizinischen Forschung allein, sondern der gesamten deutschen Forschungswelt, die sich mit personenbezogenen Daten befasst. Hier gibt es (noch) keine datenschutz-konforme Lösung, aber zumindest Vorschläge für datenschutz-freundlichere Ansätze.

Insgesamt ist man national durchaus auf einem guten Weg, um datenschutzgerecht die Situation für die (medizinische) Forschung Deutschland zu verbessern. Hinzu kommt, dass ausgehend vom Gutachten von Prof. Specht-Riemenschneider ein allgemeines Forschungsdatenzugangsgesetz angestrebt werden sollte. Ein solches wird nicht nur in dem Specht-Gutachten gefordert, sondern auch andere Forschungsbereiche, wie etwa der Rat für Sozial- und Wirtschaftsdaten (RatSWD) für den Bereich der Sozialwissenschaften, fordern ein solches Gesetz. In dem Positionspapier des RatSWD werden auch alte Forderungen der Datenschutzkonferenz u.a. nach einem strafbewehrten Forschungsgeheimnis, das das Vertrauen in die Forschung und die Forschenden stärken soll, aufgegriffen. Diese Vorschläge der Datenschutzbehörden für ein Forschungsdatengesetz sind übrigens mehr als fünfzehn Jahre alt. Lange hat die Politik diesem Bereich keine Aufmerksamkeit geschenkt.

Schließlich möchte ich darauf hinweisen, dass das Bundesministerium für Bildung Forschung sogenannte „Nationale Forschungsdateninfrastrukturen“ unterstützt. Dazu zählen derzeit 16 Konsortien, u.a. für den Gesundheitsbereich NFDI4Health. NFDI4Health erklärt, dass personenbezogene Gesundheitsdaten einen besonderen Schutz verlangen, so dass dort ein Grundverständnis für Datenschutz vorhanden ist. Das Konsortium NFDI4Health setzt sich aus 17 Partnern verschiedener Fachdisziplinen zusammen. Insgesamt 48 namhafte Institutionen aus dem Gesundheitsbereich sind beteiligt. Unterstützt wird das Konsortium von verschiedenen Arbeitsgruppen, u.a. auch im rechtlichen Bereich, in dem auch von der TMF und von Hochschulen Juristen entsandt sind. Zudem gibt es auch einen wissenschaftlichen Beirat (Scientific Advisory Board), in dem ebenfalls Datenschutzkompetenz vorhanden ist.

3.3 Datenschutzrechtliche Anforderungen an ein Forschungs- und Gesundheitsdatenzugangsgesetz

Lassen Sie mich erläutern, was aus Sicht des Datenschutzes in den geplanten Forschungs- und Gesundheitsdatenzugangsgesetzen geregelt werden sollte, ich würde sagen muss.

Die ständige Verbesserung medizinischer Versorgung dank wissenschaftlicher Forschung und Digitalisierung ist ein wesentliches Ziel, welches durch diese Gesetze begleitet werden soll. Bei der Nutzung von personenbezogenen Daten zu Forschungszwecken ist, wie schon gesagt, stets dem Recht des Individuums auf informationelle Selbstbestimmung Rechnung zu tragen.

Auf europäischer Ebene sollen für den Bereich der Nutzung von Forschungsdaten zwar grundlegende und unmittelbar geltende Regelungen getroffen werden. Gleichwohl besteht Spezifizierungsbedarf durch die Bundesgesetzgebung zu diesen europäischen Regelungen.

Im Rahmen eines Gesetzes zum Datenzugang für Forschende und zur Nutzung von Gesundheitsdaten sind mindestens die folgenden Eckpunkte zu regeln:

1. Eine gesetzliche Regelung muss wirksam den Schutz der betroffenen Personen sowie ihr Recht auf informationelle Selbstbestimmung gewährleisten und die datenschutzrechtlichen Voraussetzungen erfüllen. Die datenschutzrechtliche Einwilligung kann dem hohen Gut des Rechts auf informationelle Selbstbestimmung grundsätzlich am besten Ausdruck verleihen. Sie setzt eine umfassende Information voraus und ist jederzeit widerruflich. Eine ausdrückliche Einwilligung ist vor allem dann leicht einzuholen, wenn Daten explizit für die Forschung erhoben werden (sog. Primärnutzung).

Bei der Nutzung von Daten aus anderen Quellen, beispielsweise Behandlungsdaten aus Krankenhäusern oder auch aus anderen Forschungsprojekten (sog. Sekundärnutzung), kann eine gesonderte gesetzliche Regelung die datenschutzkonforme Forschung ermöglichen oder erleichtern.

Ungeachtet der diesbezüglichen Diskussionen auf europäischer Ebene besteht auch auf nationaler Ebene der Bedarf, die Regelungen für die Nutzung von Forschungsdaten konkret auszugestalten. Ziel dabei sollte eine länderübergreifende, einheitliche Regelung zur Verarbeitung von Gesundheitsdaten sein, die Forschungsverbünden mit Partnern in unterschiedlichen Bundesländern das Umsetzen der datenschutzrechtlichen Anforderungen erleichtert.

2. Soweit die Forschung zu einem Gewinn für die Allgemeinheit führt, besteht ein öffentliches Interesse an den Erkenntnissen. Die Nutzung von Gesundheitsdaten durch Forscher ohne eine Mitwirkung oder förmliche Einwilligung der Betroffenen sollte daher per se nur dann zulässig sein, wenn das Forschungsprojekt dem Gemeinwohlinteresse entspricht. Es bedarf daher der näheren Bestimmung, was inhaltlich der Forschung im öffentlichen Interesse entspricht und was nicht und welche weiteren Anforderungen an das Verfahren und die Durchführung der Forschung gestellt werden.

3. Eine gesetzliche Grundlage für die Verarbeitung von Gesundheitsdaten muss Maßnahmen zum Schutz der Rechte und Interessen der Betroffenen enthalten. Die Privilegierung der Forschung als Zweck der Verarbeitung personenbezogener Daten in der Datenschutz-Grundverordnung wird flankiert von zusätzlichen Anforderungen, u.a. zur Datenminimierung und zur frühestmöglichen Anonymisierung.

4. Personenbezogene Daten sind bei der Verarbeitung zu Forschungszwecken mindestens zu pseudonymisieren. Die Aufgabe der Pseudonymisierung der Datensätze sollte unabhängigen Treuhand- bzw. Vertrauensstellen übertragen werden. Sie können auch bei der Anonymisierung der Datensätze sowie bei der Erfüllung von Betroffenenrechten eine zentrale Rolle spielen.

Unabhängig von der Pseudonymisierung sind die Daten zusätzlich verschlüsselt zu speichern.

5. Eine gesetzliche Grundlage für die Verarbeitung zu Forschungszwecken sollte – wo immer möglich – eine aktive Mitwirkung der betroffenen Personen vorsehen, so dass vor der Verarbeitung ein Einverständnis für die im weiteren gesetzlich geregelten Verarbeitungsschritte erforderlich ist. Dieses Einverständnis sollte – ebenso wie eine förmliche Einwilligung – widerrufen werden können. Es muss sichergestellt werden, dass die betroffene Person grundsätzlich immer in der Lage ist, einer Verarbeitung der personenbezogenen Daten zu Forschungszwecken, die noch zugeordnet werden

können, zu widersprechen. D.h. die betroffenen Personen müssen ein allgemeines, voraussetzungsloses Widerspruchsrecht haben. Das Verfahren ist so auszugestalten, dass der Widerspruch möglichst einfach ausgeübt werden kann. Ausnahmen können vorgesehen werden, wenn dieses Recht den Forschungszweck unmöglich macht oder ernsthaft beeinträchtigt.

Die betroffenen Personen müssen über die Verarbeitungsschritte informiert werden oder Gelegenheit erhalten, sich einfach zu informieren. Je höher das Risiko einer Re-Identifizierung einer betroffenen Person ist, desto höher sind die Anforderungen an die Transparenz der Verarbeitung.

Digitale Methoden oder Managementsysteme, wie Datencockpit, Dashboard oder Portal, sollen dabei Information, Kontrolle und Mitwirkung vereinfachen, indem sie Nachrichten übermitteln und digitale Einwilligungserklärungen zulassen. Durch entsprechende Vorgaben sollten Lösungen erreicht werden, die Bürgerinnen und Bürgern einheitliche und leicht zugängliche Wege bieten.

6. Besondere technische und organisatorische Anforderungen müssen bei der Bereitstellung von Daten für Forschende vorgeschrieben werden. So darf ein Zugriff auf personenbezogene Daten nur dann möglich sein, wenn Forschende vor dem Abruf nachweisen, dass sie angemessene technische und organisatorische Maßnahmen nach dem Stand der Technik implementiert haben. Es ist ein Verfahren festzulegen, in dem diese und weitere Anforderungen zuverlässig überprüft werden (use-and-access-Verfahren). Um einheitliche Mindeststandards zu schaffen, könnten grundlegende Maßnahmen unmittelbar gesetzlich geregelt werden.

7. Sofern eine Grundlage geschaffen werden sollte, um Datensätze aus verschiedenen Quellen, beispielsweise aus medizinischen Registern, zu verknüpfen, sind weitere Sicherheiten und Schutzmaßnahmen vorzusehen.

Die Verknüpfung erhöht das Risiko, eine betroffene Person anhand der zusammengeführten Informationen zu identifizieren. Es sind besondere Record-Linkage-Verfahren vorzusehen, die nur eine anlassbezogene und temporäre Zusammenführung zulassen sollten. Die betroffenen Personen sollten über ein Einwilligungsmanagementsystem die Gelegenheit haben, in Kenntnis der Risiken der Zusammenführung aktiv zuzustimmen.

Alternativ müssen technische Methoden oder Maßnahmen sicherstellen, dass die Reidentifizierung der betroffenen Person trotz der Verkettung nicht möglich ist.

Zudem sollte bei der Forderung nach der Interoperabilität zwischen verschiedenen Plattformen und Systemen die Gewährleistung der Grundsätze von Vertraulichkeit, Integrität und Richtigkeit der zusammengeführten personenbezogenen Daten oberste Priorität haben. Grundsätzlich sollte für Daten, die zu Forschungszwecken zur Verfügung gestellt werden sollen, eine dezentrale Speicherung vorgegeben werden.

8. Die unabhängigen Datenschutz-Aufsichtsbehörden müssen die Einhaltung dieser Regelungen überwachen und durchsetzen können. Sie müssen auch gegenüber öffentlichen Stellen mit Befugnissen ausgestattet werden, erforderliche Anordnungen durchsetzen zu können. Dazu gehört auch die – europarechtlich ohnehin vorgesehene und in Deutschland bisher nicht umgesetzte – Möglichkeit, sofortigen Vollzug von Maßnahmen anordnen zu können.

9. Eine gesetzliche Regelung zur Nutzung zu Forschungsdaten sollte zudem spezifische Vorgaben für medizinische Register schaffen. Sie sollte einheitliche Anforderungen für die Datenverarbeitung in den Registern enthalten, die bisher individuell und auf Grundlage jeweils unterschiedlicher Einwilligungen arbeiten.
Hierzu sollte es zunächst ein laufendes, zentrales Verzeichnis der vielen bestehenden Register z.B. im Gesundheitsbereich geben, um eine strukturierte Übersicht über vorhandene Daten zu bieten. Dies schafft für die Betroffenen ebenso wie für die Forschenden Transparenz. Zugleich vermeidet dies eine mehrfache Datensammlungen mit gleichen Inhalten und entspricht dem Grundsatz der Datenminimierung.

Weiter sollten Standards für die Qualität der Verarbeitung festgelegt werden, die auch Vorgaben zum Datenschutz und zur Datensicherheit enthalten müssen. So müssten die von den Registern einzuhaltenden technisch-organisatorischen Maßnahmen harmonisiert werden. Zugleich sollte ein Verfahren vorgesehen werden, mit dem die Einhaltung dieser Standards geprüft und nachgewiesen werden kann.

Eine Datenverarbeitung in den Registern unabhängig von einer Einwilligung ist nur möglich, wenn die Vereinbarkeit mit den datenschutzrechtlichen Vorgaben gesetzlich gewährleistet ist.

Eine Befugnis zur Übermittlung von Daten, insbesondere Patientendaten, in ein Register setzt dabei die normenklare Definition der zu übermittelnden Daten und die Erforderlichkeit der Erfassung aus medizinisch-fachlicher Sicht voraus. Eine ausdrückliche Meldepflicht ist nur in besonderen Ausnahmefällen denkbar und muss aus verfassungsrechtlichen Gründen gesetzlich festgelegt sein.

Sollte eine zentrale, koordinierende Stelle vorgesehen werden, könnte diese hinsichtlich der Betroffenenrechte eine Beratungs- und Lotsenfunktion wahrnehmen. Sie könnte zudem die Zulässigkeit von Verknüpfungen prüfen und bei Bedarf gleichsam als Treuhandstelle eine bereichsspezifische, übergreifende Kennnummer (denkbar ist ein Pseudonym auf Grundlage der Krankenversichertennummer) verwalten. Um die zuverlässige Durchführung dieser Aufgaben zu gewährleisten, ist eine öffentliche Stelle hiermit zu betrauen und die datenschutzrechtliche Aufsicht sicherzustellen.

10. Um generalpräventiv einer missbräuchlichen Verarbeitung der Daten vorzubeugen, sollte die rechtswidrige Verarbeitung, Datenverknüpfung und Re-Identifizierung betroffener Personen von einem eigenen Straftatbestand im Gesetz flankiert werden.

3.4 Zum Schluss

Wer mich kennt, der weiß, dass ich ein großer Freund digitaler Anwendungen und Lösungen bin, die uns Dinge erleichtern, die helfen, erinnern, einordnen, Muster erkennen oder unterstützen.

Meiner Erfahrung nach ist ein beachtliches Hindernis für den Erfolg und den Nutzen von Digitalisierung tatsächlich ein Mangel an Interoperabilität und Struktur. Nur wenn Datenformate, Erfassungsstrukturen und Übermittlungsverfahren miteinander kompatibel sind, ist eine Vernetzung und gemeinsame Nutzung überhaupt möglich. Ich verweise nur auf das Chaos bei der Erfassung von Covid-Erkrankungen, Impfungen und Bettenbelegung.

Datenschutz muss und vor allem kann bei allen neuen Entwicklungen, immer von Anfang an mitgedacht und implementiert werden. Damit können auch erforderliche Nachbesserungen, die teuer und zeitintensiv sind, vermieden werden. Gut gemachte Lösungen sind dabei datenschutzfreundlich und komfortabel zu nutzen.

Wenn Datenschutz von Beginn an Teil einer Entwicklung wird und die Menschen im Hinblick auf die geplanten Digitalisierungsziele abgeholt werden, so ergänzen sich die verschiedenen Bereiche zu einem vollständigen und in der Praxis umsetzbaren Ganzen.

Man kann bei der Digitalisierung z.B. des Gesundheitswesens ein Sicherheits- und Datenschutzniveau erreichen, dass dem in der analogen Welt mindestens ebenbürtig ist und gleichzeitig neue Möglichkeiten zur Behandlung und besseren Versorgung öffnet.

Wir müssen weder auf Fortschritt noch auf Forschung noch auf den Schutz der Privatsphäre verzichten. Alle drei sind gleichwertig und deshalb von Anfang an zusammen zu bedenken und umzusetzen.

Diskussion

Prof. Dr. Alexander Roßnagel, Hessischer Beauftragter für Datenschutz und Informationsfreiheit
Vielen Dank, Herr Kelber, für diesen interessanten und mit guten Vorschlägen versehenen Vortrag. – Wir können nach jedem Vortrag mit dem Referenten diskutieren. Bitte sehr.

Christoph Reich, LL.M., Rechtsanwalt
Sie sprachen davon, dass Daten möglicherweise anonymisiert werden können. Wann liegen denn für Sie anonyme Daten vor, in Abgrenzung zur Pseudonymisierung?

Dr. Thilo Weichert, Netzwerk Datenschutzexpertise
Ich kann den Ausführungen von Herrn Kelber voll und ganz zustimmen. Die zehn Punkte finde ich auch okay. Gefehlt hat mir der elfte Punkt, das Forschungsgeheimnis und ein Beschlagnahmeverbot. Wieso Sie das nicht vorgesehen haben, kann ich nicht ganz verstehen. Es ist seit Langem auf der Agenda von Datenschützern. Ich glaube, das ist dringend notwendig, um die Vertrauenswürdigkeit der bereitgestellten Forschungsdaten zu sichern.

Ihren Optimismus, was die Bundesregierung angeht, teile ich überhaupt nicht. Sie haben den Koalitionsvertrag zitiert. Der ist relativ optimistisch, was das Thema angeht. Sie haben nicht die Digitalstrategie der Bundesregierung zitiert, die aktuelleren Datums ist und die Forderung nach einem Forschungsdatengesetz explizit nicht mehr vorsieht, sondern es ist nur noch von Forschungsklauseln die Rede. Forschungsklauseln bedeuten, dass das fortgesetzt wird, was schon in der Vergangenheit gemacht wurde. In irgendwelchen Gesetzen wird gesagt, dass Daten auch für Forschungszwecke – meistens relativ restriktiv – zur Verfügung gestellt werden.

Da muss man wirklich noch mal nachbessern und der Bundesregierung sagen: Wir wollen explizit ein Forschungsdatengesetz. Dabei sind dann genau die zehn Punkte sowohl auf Bundes- als auch auf Landesebene, soweit dort die Daten primär erhoben worden sind, einheitlich einzuführen.

Sie haben das Forschungsdatenzentrum des Bundesinstituts für Arzneimittel und Medizinprodukte angesprochen. Das ist ein Beispiel, wie Forschungsdatenverarbeitung unter Bundesgesundheitsminister Spahn in einer Art und Weise gemacht wurde, wie sie aus Datenschutzsicht nicht gemacht werden darf und kann, weil eine nachgeordnete Behörde darüber entscheidet, ob auch pseudonymisierte Daten, die dann möglicherweise kombiniert und re-identifiziert werden können, für Forschende zur Verfügung gestellt werden.

Betroffenenrechte sind im SGB V gar nicht vorgesehen. Da muss eine ganze Menge nachgebessert werden. Das wurde auch von der neuen Bundesregierung nicht ansatzweise infrage gestellt. Im Gegenteil, man will es im Prinzip nur mit dem Gesundheitsdatenraum auf europäischer Ebene replizieren, wo das Gleiche in Grün vorgesehen ist. Ich glaube, so geht Datenschutz nicht. Deswegen sehe ich die Hoffnungen, die Sie jetzt hier verbreitet haben, als alles andere als geteilt an.

Prof. Ulrich Kelber, Der Bundesbeauftragte für den Datenschutz und die Informationsfreiheit

Zu der anhaltenden Debatte, ab wann etwas anonymisiert ist: Aus der rein theoretischen Sicht ist grundsätzlich nie etwas anonymisiert, weil Sie nie wissen, was an technologischen Methoden, an sonstigen Daten herangezogen wird. Es ist immer eine praktische Anonymisierung.

Ich gebe Ihnen auf jeden Fall recht, dass wir noch viel zu wenig Grundlagenforschung haben, auch zu wenige Anonymisierungsmethoden und klare Rechtsgrundlagen, wann anonymisiert wird – weil oft anonymisiert werden kann –, weil eine Anonymisierung oft den Rückgriff auf weitere Daten, z. B. zur Aggregierung, benötigt. Allerdings gibt es praktische Beispiele, bei denen wir gesagt haben, dass eine Anonymisierung für den Zweck ausreicht. Dabei spielt sowohl die Sensibilität der Daten als auch der Zeitraum der Aufbewahrung eine Rolle, zumindest der Zeitraum, den jemand Zugriff auf diese Daten hat und sie re-personalisieren könnte. Es gibt nie die absolute Antwort, die alle Bereiche abdeckt, sondern das muss aus der Praxiserfahrung heraus dargestellt werden.

Herr Kollege Weichert, natürlich bietet solch ein Vortrag nicht die Möglichkeit, sämtliche Vorschläge zu nennen; es wären auch noch mehr als elf. Die Beschlüsse der Konferenz der unabhängigen Datenschutzaufsichtsbehörden des Bundes und der Länder (DSK) dazu werden vermutlich mehr als elf Punkte umfassen, wobei ich der Beschlussfassung der DSK im November 2022 nicht vorgreifen will. Bei der ersten Beschlussfassung im Frühjahr haben wir das Forschungsgeheimnis und das Beschlagnahmeverbot bereits angesprochen. Wenn ich mich richtig erinnere, war beides schon in dem Vorschlag der DSK aus dem Jahr 2006 enthalten; ich habe das nur heute nicht in allen Punkten wiederholt.

Als ehemaliger sozialdemokratischer Bundestagsabgeordneter habe ich so viel Insiderwissen, dass ich bei einer Bundesregierung nie optimistisch bin, weil ich immer weiß, welche Kräfte miteinander spielen. Sie haben das Beispiel erwähnt, dass in der Digitalisierungsstrategie etwas anderes steht als im Koalitionsvertrag, in Arbeitsgruppen im Parlament aber wieder etwas anderes geäußert wird. Das müssen wir abwarten. Ich hatte den Optimismus übrigens insgesamt auf die Situation bezogen, hatte auch beispielsweise die Debatte mit NFDI4Health genannt. Wir merken, dass zumindest die Debatte über die Ausprägung immer Bestandteil ist.

Um das Beispiel des Bundesinstituts für Arzneimittel und Medizinprodukte und des Forschungsdatenzentrums zu nehmen: Als zuständige Aufsichtsbehörde hatten wir uns schon bei der Institutionalisierung kritisch geäußert, vor allem darauf hingewiesen, dass der Versuch, jegliches Widerspruchsrecht zu streichen, nicht funktionieren kann und aus unserer Sicht nicht rechtmäßig ist.

Wir sind auch nach wie vor in einem sehr offenen Streit darüber, dass über lange Zeit nicht vorgesehen war, dass Treuhandstelle und Vertrauensstelle getrennt werden. Das ist natürlich eine Voraussetzung, damit nicht derjenige, der forschen will, selbst im Haus darüber bestimmt, in welcher Form er Daten haben kann. Man kann auch keine Chinese Walls einsetzen, wenn beide am Ende der Personalhoheit desselben Präsidenten unterstehen. Dagegen werden wir uns nach wie vor wehren.

Aber wir merken, dass man jetzt mit uns über die Ausgestaltung spricht, weil die Regeln dafür im Sozialgesetzbuch tatsächlich fehlen. Wir versuchen, in der Beratung entsprechenden Einfluss zu nehmen. Ich sehe das bisher keineswegs als eine verlorene Schlacht an.

Holger Schmitz, AOK Hessen

Das Thema des SGB V ist prädestiniert für uns. Vor dem Hintergrund Ihrer Ausführungen hinsichtlich der Widerspruchslösung oder der nicht möglichen Widerspruchslösung, je nachdem, kann ich aus dem operativen Geschäft berichten, dass wir aktuell einen Fall haben.

Nach § 303a SGB V haben wir die Daten an die Vertrauensstelle zu liefern. Das geht dann ans Robert-Koch-Institut. So weit ist alles gut. Die Daten werden auch pseudonymisiert. In der Argumentation, bei der wir jetzt im AOK-System Widersprüche laufen haben, sagen Versicherte: Ich habe solch eine seltene Erkrankung, ich kann nicht pseudonymisiert werden. Daher mache ich von meinem Widerspruchsrecht Gebrauch, dass die Daten nicht geliefert werden.

Jetzt hat die Krankenkasse aber die Verpflichtung, diese Daten zu liefern. Da stehen wir im Widerspruch. Wir haben argumentiert, dass die Person ihren Widerspruch nicht geltend machen kann, weil wir verpflichtet sind, die Daten zu liefern. Das Ganze ist jetzt im Eilverfahren vor Gericht gelandet. Wir sind nun gezwungen, diese Daten aus der Datenlieferung, die zum 1. Oktober läuft, herauszunehmen. Nach unserer Argumentation müssen wir dann schauen, ob es irgendwann eventuell gegen die Bundesrepublik Deutschland geht. Wenn wir diese Daten nicht mehr liefern dürfen, dann muss derjenige, der die Klage erhebt, gegen die Bundesrepublik Deutschland klagen. Das ist eine Gemengelage, mit der wir uns operativ im Moment beschäftigen.

Dr. Sachiko Scheuing, Acxiom Deutschland GmbH
Ich habe zwei Hinweise; vielleicht ist das interessant, Herr Kelber.

Die erste Sache ist: Die singapurische Datenschutzaufsichtsbehörde hat im Jahr 2018 ein ausführliches Whitepaper über Pseudonymisierung und Anonymisierung herausgegeben. Darin steht unter anderem zu dieser Diskussion: Wann sind die Daten anonym, und wie können sie noch anonymer gemacht werden? – Ich denke, es wäre sehr interessant, dieses Papier zu berücksichtigen. Denn das, was Sie hier machen, muss natürlich europaweit akzeptabel sein. Zurzeit haben wir keine länderspezifische Lösung, sondern europaweit ein Level Playing Field.

Ein zweiter Hinweis, den ich sehr gerne erörtern möchte, betrifft den Code of Conduct für die Pseudonymisierung, der zurzeit entworfen wird. Ich habe Herrn Jaspers irgendwo gesehen. Die GDD und Bitkom sind mit dem Code of Conduct für die Pseudonymisierung, Art. 40 DSGVO, beschäftigt. Dieses Dokument wird unter anderem die Themen Re-Identifizierung und Verkettbarkeit klar darstellen. Es wäre ebenfalls interessant, dieses Dokument bei dieser sehr interessanten Entwicklung zu berücksichtigen.

Dr. Kai-Uwe Loser, Ruhr-Universität Bochum
Ich möchte noch mal zum Ausgangspunkt zurück, nämlich dem Konflikt zwischen der Forschungsfreiheit und der informationellen Selbstbestimmung. Sie haben jetzt im Wesentlichen einen Dialog zwischen der Politik und den Aufsichtsbehörden zum Thema Forschung dargestellt. Ich sehe auch eine besondere Relevanz der Fachgruppen im Bereich Forschung. Da sind noch relativ viele Lücken vorhanden. Sie haben einige Player – RatSWD, TMF usw. – angesprochen, die datenschutzfreundlich unterwegs sind und sehr viel tun. Aber es gibt auch eine ganze Reihe von Regularien, die nach Datenschutz-Grundverordnung faktisch andere Regeln darstellen, als sie datenschutzrechtlich wünschenswert sind, die man angehen könnte. Insbesondere die Deutsche Forschungsgemeinschaft ist zum Thema Datenschutz in der Forschungsethikrichtlinie überhaupt nicht zu finden. Da fehlt mir ein bisschen der Dialog in der Breite der Forschung; es gibt viele Leuchtturmprojekte, über die diskutiert wird.

Als Hochschuldatenschutzbeauftragter – ich bin an den Ruhrgebietsuniversitäten tätig – stelle ich in der Praxis häufig fest, dass wir die Wissenschaftler mit dieser Frage durchaus alleinlassen. Sie sehen manchmal Konflikte zwischen ihren Fachgruppenrichtlinien, die zum Teil Zweitverwertungsfreigaben verlangen. Weil man die Daten faktisch nicht anonymisieren und damit eigentlich auch nicht veröffentlichen kann, kann man sie nicht für die Zweitverwertung zur Verfügung stellen. Das sind faktische Probleme, die auf der Ebene eines Dialogs mit den Fachgremien in den Wissenschaften notwendig sind. Da sehe ich relativ wenig. Es gibt relativ viel Dialog mit den Leuchtturmprojekten – das ist schön, das ist auch wichtig –, aber eine ganze Reihe von Fachgremien müssten auch mal aufgefrischt werden, was das Thema Datenschutz angeht.

Prof. Ulrich Kelber, Der Bundesbeauftragte für den Datenschutz und die Informationsfreiheit
Ich fange bei dem letzten Punkt an. In der Tat haben wir an verschiedenen Stellen die Dialoge. Ich hatte NFDI4Health oder TMF erwähnt. Es gibt noch MII, die Medizininformatik-Initiative. Da versuche ich immer wieder mal hineinzugreifen mit Leuten, die in den Einzelprojekten stecken, auch über die unmittelbar dem Bundesgesundheitsministerium und damit meiner Aufsicht unterstehenden Projekte hinaus. Wir sprechen mit ihnen über technologische Ansätze, z. B. was sich einige von dezentraler KI, föderaler KI versprechen.

Ich bin manchmal enttäuscht, wenn es zu Äußerungen kommt, denen überhaupt kein Dialog vorausgegangen ist. Ich hatte vorhin den Sachverständigenrat angesprochen. Das gilt aber auch für den Funktionär eines Notärzteverbandes, der sich den Medien stellt und sagt: Wegen des Datenschutzes darf man aus einem Krankenwagen bei einem bewusstlosen Patienten dem Krankenhaus, auf das man zufährt, keine Daten über den Patienten geben, weil man keine Einwilligung bekommt. – Gleichzeitig verpasst jemand dem Patienten aber einen Luftröhrenschnitt, gibt ihm eine Infusion oder eventuell einen Stich ins Herz und Ähnliches mehr. Diese Leute werden in ihrem Fach von Juristen beraten. Ich frage mich: Was ist der Grund für diese Verunsicherung? Was ist die Hidden Agenda hinter solchen Behauptungen in der Öffentlichkeit?

Eine Idee der Taskforce, die Herr Prof. Roßnagel und ich führen, ist, einheitliche Ansprechpartner im Kreis unserer Aufsichtsbehörden zu haben. Ich glaube, wenn wir uns etabliert haben, Herr Prof. Roßnagel, werden wir genau solche Jours fixes einführen, solche Runden, in denen wir versuchen, den Dialog über die unmittelbaren Spitzenverbände oder Spitzenprojekte hinaus zu betreiben.

Jetzt ist die Aufsichtsbehörde für die AOK Hessen Herr Prof. Roßnagel. Aber zu der allgemeinen Fragestellung: Es war genau unser Vorschlag, dass das Widerspruchsrecht definiert wird. Wann hat man dieses Widerspruchsrecht? Da war gerade das Thema der besonders seltenen Erkrankungen im Blickfeld, und dass man dieses Widerspruchsrecht bereits bei den Krankenkassen ausüben kann. Diese sind dann davon entbunden, die Daten zur Verfügung zu stellen, was besser ist, als erst die Daten irgendwohin zu übertragen – da sind sie dann ein zweites Mal –, wo anschließend gesucht werden soll, ob vielleicht ein Widerspruchsrecht existiert. Wir schreiben auch nicht ins Gesetz, dass es ein allgemein ableitbares Widerspruchsrecht gibt. Das ist nicht transparent, das schafft kein Vertrauen. Dass Sie da leider zwischen Hammer und Amboss geraten, tut mir leid. Wahrscheinlich wird es sich am Ende nur so regeln lassen.

Frau Scheuing, vielen Dank für die Anregung. Ich kannte dieses Papier aus Singapur noch nicht. Aber wir sammeln an verschiedenen Stellen die internationalen Erfahrungen ein. Im September haben sich die Datenschutzaufsichtsbehörden der G7-Mitgliedstaaten getroffen. Da war das Thema ein Schwerpunkt auch mit unseren nordamerikanischen Kollegen, die es eingebracht hatten. Der Europäische Datenschutzausschuss arbeitet an einem Papier dazu, und auch die International Working Group on Data Protection in Technology hat das als ein Schwerpunktthema, ich glaube, mit einem Bericht bei dem Treffen im November in London. Ich würde mich sehr freuen, wenn unsere deutschen Verbände erst mal auf uns als nationale Aufsichtsbehörden zukommen würden, damit wir dann eventuell ein Verfahren zu einem solchen Code of Conduct auf europäischer Ebene starten können.

Prof. Dr. Alexander Roßnagel, Hessischer Beauftragter für Datenschutz und Informationsfreiheit
Ich darf jetzt überleiten zu dem Vortrag von Frau Prof. Dr. Franziska Boehm. Frau Boehm kann krankheitsbedingt leider nicht hier sein, daher ist sie über ein Videokonferenzsystem mit uns verbunden. Frau Boehm ist Professorin für Recht am Karlsruher Institut für Technologie und dort im Zentrum für Angewandte Rechtswissenschaft tätig. Ihr Vortragstitel lautet „Der besondere Schutz der Forschung in der Datenschutz-Grundverordnung".

4 Der besondere Schutz der Forschung in der Datenschutz-Grundverordnung

Prof. Dr. Franziska Boehm,
Karlsruher Institut für Technologie/FIZ Karlsruhe – Leibniz-Institut für Informationsinfrastruktur

Dr. Dara Hallinan,
FIZ Karlsruhe – Leibniz-Institut für Informationsinfrastruktur

4.1 Einführung

Meine sehr verehrten Damen und Herren, ich freue mich sehr, dass ich heute im Rahmen der Feierlichkeiten zu 50 Jahre Datenschutzgesetz in Hessen, 50 Jahre Hessische Datenschutzaufsichtsbehörde und 50. Tätigkeitsbericht zum Datenschutz in Hessen im Hessischen Landtag vortragen darf. In diesem Zusammenhang möchte ich mich zunächst bei allen an der Organisation der Veranstaltung Beteiligten bedanken, die dies ermöglicht haben, bei Prof. Dr. Alexander Roßnagel und seinem Team für die Einladung und bei Ihnen allen, dass Sie sich die Zeit genommen haben, zu kommen und zuzuhören.

Mein Thema ist der Schutz der Forschung in der Datenschutz-Grundverordnung (DSGVO).

Wie Sie alle wissen, war die Beziehung zwischen der Datenschutz-Grundverordnung und der Forschung schon vor der Verabschiedung der Datenschutz-Grundverordnung ein Thema, das ausführlich und intensiv diskutiert wurde – z. B. in Bezug auf Vorschläge zur Begrenzung des Umfangs von Einwilligungen im Bereich der wissenschaftlichen Forschung.[1] Jetzt, über vier Jahre nach dem Inkrafttreten der Datenschutz-Grundverordnung, gehen diese Diskussionen weiter, insbesondere auch vor dem Hintergrund von immer mehr geplanten EU- und nationalen Datengeset-

1 S. z.B. Olof Nyrén, Magnus Stenbeck, Henrik Grönberg, The European Parliament proposal for the new EU General Data Protection Regulation may severely restrict European epidemiological research (2014) 29 Eur J Epidemiol, S. 227, 228, <https://link.springer.com/content/pdf/10.1007/s10654-014-9909-0.pdf> (zul. abgerufen: 27.03.2023).

zen, die auch die Forschung betreffen. Man könnte sogar behaupten, dass der Umfang und die Bedeutung dieser Diskussionen im Laufe der Zeit noch zugenommen haben.

In meinem Vortrag werde ich versuchen, vier Punkte zum Verhältnis von Forschung und Datenschutz in der Datenschutz-Grundverordnung genauer zu betrachten.

1. Die Anwendbarkeit der allgemeinen materiellen Vorschriften der Datenschutz-Grundverordnung auf die Forschung und deren Herausforderungen im Forschungskontext.
2. Die unterschiedlichen Auslegungen von Vorschriften der Datenschutz-Grundverordnung im Forschungsbereich.
3. Die Ausnahmen für die Forschung innerhalb des Textes der Datenschutz-Grundverordnung.
4. Die Ausnahmen auf Ebene der Mitgliedstaaten im Rahmen von Öffnungsklauseln.

Danach werde ich kurz einige Herausforderungen hervorheben, die sich aus dem Ansatz der Datenschutz-Grundverordnung für die Regulierung von Forschung ergeben. Diese Erörterung erhebt keinen Anspruch auf Vollständigkeit, und ich werde auch nicht versuchen, allumfassende Lösungen anzubieten. Ich hoffe lediglich, dass die angesprochenen Herausforderungen als nützlicher Ausgangspunkt für weitere Diskussionen dienen können.

4.2 Die Anwendbarkeit der allgemeinen materiellen Vorschriften der Datenschutz-Grundverordnung auf die Forschung

Soweit die Datenschutz-Grundverordnung in Bezug auf die Forschung Anwendung findet, enthält sie eine Reihe materieller Vorschriften darüber, wie Forschungsdaten zu verarbeiten sind. Diese Vorschriften gelten, sofern keine eindeutigen Ausnahmen vorliegen. Auf die Ausnahmen werde ich später in diesem Vortrag eingehen. Diese materiell-rechtlichen Vorschriften lassen sich in fünf Gruppen unterteilen.

Erstens, benötigen diejenigen, die personenbezogene Daten zu Forschungszwecken verarbeiten, eine Rechtsgrundlage. Dazu kann auch die in der Forschung wichtige Einwilligung und sogar der sogenannte Broad Consent (Erwägungsgrund 33 DSGVO) gehören. Aber natürlich sieht die Datenschutz-Grundverordnung auch eine Reihe anderer Rechtsgrundlagen vor, die eine Verarbeitung zu Forschungszwecken ohne die Einwilligung der betroffenen Person rechtfertigen und die auch wertvolle Grundlagen zur Verarbeitung bieten können. Darauf werde ich später noch eingehen.

In Bezug auf die Verarbeitung personenbezogener Daten benötigen Forscherinnen und Forscher eine Rechtsgrundlage nach Artikel 6 DSGVO sowie eine ergänzende Legitimation für die Verarbeitung nach Artikel 9 DSGVO bei der Verarbeitung sensibler Daten. Auch hier ist die Einwilligung als Rechtsgrundlage vorgesehen, wobei es noch weitere Möglichkeiten gibt, um eine Verarbeitung ohne Einwilligung zu rechtfertigen. Die Wahl der richtigen Rechtsgrundlage hängt von einer Reihe von Faktoren ab, unter anderem davon, ob die Forschung im Auftrag einer öffentlichen oder privaten Einrichtung durchgeführt wird (auch vom Interesse, in welchem die Forschung stattfindet), sowie von der Art der Forschung. Hierbei spielen auch asymmetrische Machtunterschiede eine Rolle.[2]

In diesem Zusammenhang sollte klargestellt werden, dass die Einwilligung der betroffenen Person nach der Datenschutz-Grundverordnung nicht immer erforderlich ist, um wissenschaftliche Forschung selbst mit sensiblen Daten zu rechtfertigen. Insbesondere Artikel 9 Absatz 2 Buchstabe j DSGVO sieht die Möglichkeit vor, dass der europäische oder nationale Gesetzgeber Regelungen erlassen kann, die dazu dienen, Forschung mit sensiblen personenbezogenen Daten zu rechtfertigen, ohne die Einwilligung der betroffenen Person vorher einzuholen. Insbesondere ist keine Einwilligung nötig, wenn sie mit den in Artikel 89 Absatz 1 DSGVO genannten Garantien im Einklang steht und „in angemessenem Verhältnis zu dem verfolgten Ziel steht, den Wesensgehalt des Rechts auf Datenschutz wahrt und angemessene und spezifische Maßnahmen zur Wahrung der Grundrechte und Interessen der betroffenen Person vorsieht". Also eben auch, wenn eine Interessenabwägung zugunsten der Forschungsinteressen ausfällt. Auf Artikel 89 Absatz 1 DSGVO werde ich später in diesem Vortrag eingehen.

Weiterhin steht es dem nationalen Gesetzgeber frei, Vorschriften zu erlassen, die Fragen im Zusammenhang mit den Beschränkungen der Einwilligung regeln können, z.B. in Situationen, in denen die Einwilligung nicht

2 Opinion 3/2019 concerning the Questions and Answers on the interplay between the Clinical Trials Regulation (CTR) and the General Data Protection regulation (GDPR)(art.70.1.b)), S. 5 ff. in Bezug auf Machtunterschiede: <https://edpb.europa.eu/sites/default/files/files/file1/edpb_opinionctrq_a_final_en.pdf> (zul. abgerufen: 27.03.2023).

eingeholt werden kann oder in denen die Einwilligung eine unverhältnismäßige Belastung darstellen würde.

Trotz dieser Regelungen bestehen für wissenschaftliche Forscherinnen und Forscher nach wie vor zahlreiche Unsicherheiten in Bezug auf die „richtige" Wahl der Rechtsgrundlage. Beispiele sind der Umfang der Einwilligung in der medizinischen Forschung,[3] aber auch die genaue Formulierung von Einwilligungsformularen. In der psychologischen Forschung werden beispielsweise unterschiedliche Einwilligungsformulare verwendet, deren Formulierungen nicht immer den Kriterien der Datenschutz-Grundverordnung entsprechen. In diesem Zusammenhang fehlen Standards oder Formulierungshilfen für Forscherinnen, Forscher und Forschungseinrichtungen, die im konkreten Fall herangezogen werden könnten.[4]

Zweitens, wann immer personenbezogene Daten zu Forschungszwecken verarbeitet werden, gelten für den Verantwortlichen eine Reihe allgemeiner Verpflichtungen, deren Grundsätze in erster Linie in Artikel 5 DSGVO aufgeführt sind (Zweckbindung, rechtmäßige Verarbeitung, sachliche Richtigkeit etc.).

An anderer Stelle in der Datenschutz-Grundverordnung werden weitere einschlägige Verpflichtungen genannt, darunter die Verpflichtung, bei bestimmten Formen der Forschung – die ein hohes Risiko für die Rechte und Freiheiten natürlicher Personen zur Folge haben – eine Datenschutzfolgenabschätzung durchzuführen (Artikel 35 Absatz 3 Buchstabe b DSGVO).[5]

---

3 S. z.B. die Unsicherheit in der Diskussion über Machtverteilung und Einwilligung in Bezug auf die medizinische Forschung, Europäischer Datenschutzausschuss, Stellungnahme 3/2019 zu den Fragen und Antworten zum Zusammenspiel der Verordnung über klinische Prüfungen und der Datenschutz-Grundverordnung (DSGVO) (Artikel 70 Absatz 1 Buchstabe b) (2019), S. 7 <https://edpb.europa.eu/sites/default/files/files/file1/edpb_opinionctrq_a_final_de.pdf> (zul. abgerufen: 27.03.2023). S. auch Dara Hallinan, A Normative Framework for the Reconciliation of EU Data Protection Law and Medical Research Ethics: A structured approach to navigate the relationship between EU data protection law and medical research ethics (2021) 29:3 Medical Law Review 446, S. 446-467 <https://academic.oup.com/medlaw/article-abstract/29/3/446/6352247> (zul. abgerufen: 27.03.2023).

4 S. z.B. Dara Hallinan, Franziska Boehm, Annika Külpmann, Malte Elson, Information Provision for Informed Consent Procedures in Psychological Research Under the General Data Protection Regulation: A Practical Guide (2023) 6:1 Advances in Methods and Practices in Psychological Science <https://journals.sagepub.com/doi/10.1177/25152459231151944> (zul. abgerufen: 28.03.2023).

5 S. z.B. Evert-Ben van Veen, Observational health research in Europe: understanding the General Data Protection Regulation and underlying debate (2018) 104 European

Hier gibt es bisher keine konkreten Vorgaben für die Durchführung einer Datenschutzfolgenabschätzung in der Forschung. Hinweise des Europäischen Datenschutzausschusses (EDSA) oder der Konferenz der unabhängigen Datenschutzaufsichtsbehörden des Bundes und der Länder (DSK) wären in diesem Zusammenhang sicherlich sehr willkommen. Weiterhin gelten bestimmte Benachrichtigungspflichten im Zusammenhang mit der Verletzung des Schutzes personenbezogener Daten.

Drittens, wenn personenbezogene Daten zu Forschungszwecken verarbeitet werden, hat die betroffene Person eine Reihe von Rechten an den personenbezogenen Daten. Zu diesen Rechten gehören auch das Recht, die Einwilligung zu widerrufen,[6] wenn die Einwilligung als Rechtsgrundlage für die Verarbeitung verwendet wurde, das Recht, sowohl vor als auch während der Verarbeitung Informationen über die Verarbeitung zu erhalten, das Recht auf Berichtigung, das Recht auf Löschung („Recht auf Vergessenwerden") das Recht auf Einschränkung der Verarbeitung, das Recht auf Datenübertragbarkeit und das Widerspruchsrecht. Betroffene Personen haben auch das Recht, nicht einer ausschließlich auf einer automatisierten Verarbeitung — einschließlich Profiling — beruhenden Entscheidung unterworfen zu werden. Obwohl dieses Recht in Bezug auf viele Formen der Forschung im Moment noch selten relevant sein wird, mag sich dies in Zukunft mit zunehmenden KI-Anwendungen und ggf. sogar selbstlernender KI ändern und sollte beobachtet werden.

Viertens, enthält die Datenschutz-Grundverordnung eine Reihe von Vorschriften über die rechtmäßige Übermittlung von Forschungsdaten außerhalb des Europäischen Wirtschaftsraumes. Hier gelten die allgemeinen Regeln zur Angemessenheit, zu bilateralen Vereinbarungen und zu bestimmten Formen der Übermittlung unter bestimmten begrenzten Bedingungen.[7]

Journal of Cancer 70, S. 74-75 <https://www.sciencedirect.com/science/article/pii/S0959804918314023> (zul. abgerufen: 27.03.2023).

6 Opinion 3/2019 concerning the Questions and Answers on the interplay between the Clinical Trials Regulation (CTR)and the General Data Protection regulation (GDPR) (art.70.1.b)); https://edpb.europa.eu/sites/default/files/files/file1/edpb_opinionctrq_a_final_en.pdf (zul. abgerufen: 27.03.2023).

7 S. z.B. David Peloquin, Michael DiMaio, Barbara Bierer, et. al., Disruptive and avoidable: GDPR challenges to secondary research uses of data (2020) 28 European Journal of Human Genetics 697, S. 701-702 <https://www.ncbi.nlm.nih.gov/pmc/articles/PMC7411058/pdf/41431_2020_Article_596.pdf> (zul. abgerufen: 27.03.2023).

Diese Bedingungen haben in der Forschungsgemeinschaft teilweise zu erheblichen Bedenken geführt, wie personenbezogene Daten zwischen der Europäischen Union und Drittländern ausgetauscht werden könnten – zum Beispiel in Bezug auf die Übermittlung von medizinischen Forschungsdaten in die USA.[8]

Zum Abschluss meines ersten Punktes gilt *fünftens,* allgemein in der Forschung, dass eine Reihe von Sanktionen zur Anwendung kommen können, wenn die Verarbeitung zu Forschungszwecken gegen die Vorschriften der Datenschutz-Grundverordnung verstößt.

Die Einhaltung der materiellen Vorschriften und Grundsätze der Datenschutz-Grundverordnung in Bezug auf die Verarbeitung von personenbezogenen Daten zu Forschungszwecken unterliegt dann einem komplexen Überwachungsmechanismus. Bestimmte datenschutzrechtlich Verantwortliche in der Forschung sind verpflichtet, einen Datenschutzbeauftragten zu beschäftigen, der im Rahmen seiner Aufgaben für die „Überwachung der Einhaltung dieser Verordnung" verantwortlich ist – beispielsweise Forscherinnen, Forscher oder Forschungsinstitute, deren Kerntätigkeit nach Artikel 37 Absatz 1 Buchstabe c DSGVO „in der umfangreichen Verarbeitung sensibler Daten gemäß Artikel 9 oder von personenbezogenen Daten über strafrechtliche Verurteilungen und Straftaten gemäß Artikel 10 besteht". Die Forschungsverarbeitung personenbezogener Daten innerhalb eines bestimmten Staates unterliegt dann auch der Aufsicht durch die zuständige Datenschutzaufsichtsbehörde dieses Staates. Auf europäischer Ebene schließlich kann die Verarbeitung von personenbezogenen Daten zu Forschungszwecken der Aufsicht durch den EDSA unterworfen werden. Dieses Gremium ist befugt, Leitlinien und Stellungnahmen zur Auslegung der Datenschutzgrundsätze und -vorschriften auf europäischer Ebene in Bezug auf die Forschung herauszugeben.[9] Bisher wurden mehrere solcher Leitlinien und Stellungnamen veröffentlicht, z.B. zu Fragen und Antworten zum Zusammenspiel der Verordnung über klinische Prüfungen und der Datenschutz-Grundverordnung.[10] Diese Dokumente des EDSA bieten

8 Ebenda.

9 Das Gremium hat schon mehrere solche Leitlinien und Stellungnamen veröffentlicht. S. z.B. Europäischer Datenschutzausschuss, Guidelines 05/2020 on consent under Regulation 2016/679, Version 1.1 (2020), S. 30-32.

10 Europäischer Datenschutzausschuss, Stellungnahme 3/2019 zu den Fragen und Antworten zum Zusammenspiel der Verordnung über klinische Prüfungen und der Datenschutz-Grundverordnung (DSGVO) (Artikel 70 Absatz 1 Buchstabe b) (2019),

wichtige Auslegungshinweise für Forscherinnen und Forscher zu Fragen der Datenschutz-Grundverordnung und weitere Hinweise sind stets willkommen.

4.3 Auslegung von Vorschriften der Datenschutz-Grundverordnung in der Forschung

Zwar sollten die für die Forschung relevanten Vorschriften der Datenschutz-Grundverordnung im Prinzip einheitlich gelten, dennoch gibt es nationale Unterschiede in der Anwendungspraxis.

Ein viel diskutiertes Beispiel betrifft die richtige Auswahl der Rechtsgrundlage für die Verarbeitung sensibler personenbezogener Daten im Rahmen der Gesundheitsforschung. In einigen Ländern scheint die Einwilligung – mit all den Anwendungsschwierigkeiten, die diese bringen kann – als die wichtigste Rechtsgrundlage zu gelten, so z.B. in Deutschland.[11] Andere Länder, wie z.B. das Vereinigte Königreich, verwenden die Einwilligung seltener und bevorzugen andere Rechtsgrundlagen, um Datenverarbeitung in der Forschung zu rechtfertigen. Und, obwohl das Vereinigte Königreich inzwischen die EU verlassen hat, ist der britische Ansatz für das Verständnis der Datenschutz-Grundverordnung in diesem Bereich relevant,[12] zumal sich Datenschutz-Grundverordnung und UK Data Protection Act ähneln.[13] Einen zurückhaltenden Ansatz im Hinblick auf die Einwilligung als Rechtsgrundlage scheint auch der EDSA in seinen Stellungnahmen zum Zusammenspiel der Verordnung über klinische Prüfungen und der Datenschutz-Grundverordnung zu befürworten. Zumindest in bestimmten Kontexten, beispielsweise aus Gründen der Machtasymmetrie, sollen hier andere

<https://edpb.europa.eu/sites/default/files/files/file1/edpb_opinionctrq_a_final_de.pdf> (zul. abgerufen: 27.03.2023).

11 S. z.B. Benedikt Buchner, Anna C. Haber, Horst K. Hahn, et. al., Das Modell der Datentreuhand in der medizinischen Forschung (2021) 12 Datenschutz und Datensicherheit 806, 809 <https://link.springer.com/content/pdf/10.1007/s11623-021-1534-y.pdf> (zul. abgerufen: 27.03.2023); Tobias Herbst, Autonomie und broad consent in der medizinischen Forschung (2019) 5 Rechtsphilosophie, S. 271 und 277.

12 S. z.B. NHS Health Research Authority, Consent in research (2018) <https://www.hra.nhs.uk/planning-and-improving-research/policies-standards-legislation/data-protection-and-information-governance/gdpr-guidance/what-law-says/consent-research/> (zul. abgerufen: 27.03.2023).

13 UK Data Protection Act 2018.

Rechtsgrundlagen bevorzugt werden.[14] Die genannte Stellungnahme besagt hierzu: „Daher und wie in den Leitlinien der Artikel-29-Datenschutzgruppe in Bezug auf die Einwilligung erläutert, wird die Einwilligung in den meisten Fällen nicht die geeignete Rechtsgrundlage darstellen und daher [soll] auf andere Rechtsgrundlagen als die Einwilligung zurückzugreifen sein".[15]

Weiterhin gibt es auch Fälle, in denen ein Mangel an Klarheit in den Vorschriften der Datenschutz-Grundverordnung selbst Raum für unterschiedliche Aufsicht und Durchsetzung in den einzelnen Staaten lässt. So gibt es beispielsweise nach wie vor nur eine begrenzte Übereinstimmung bei der Höhe der von den Aufsichtsbehörden verhängten Bußgelder zwischen den Staaten.[16] Auch bei der personellen Ausstattung der Aufsichtsbehör-

14 Europäischer Datenschutzausschuss, Stellungnahme 3/2019 zu den Fragen und Antworten zum Zusammenspiel der Verordnung über klinische Prüfungen und der Datenschutz-Grundverordnung (DSGVO), https://edpb.europa.eu/sites/default/files/files/file1/edpb_opinionctrq_a_final_de.pdf_(zul abgerufen: 27.03.2023); S. 6-7: Beispielsweise: „Abhängig von den Umständen der klinischen Prüfung kann es zu einem Ungleichgewicht in der Machtverteilung zwischen dem Sponsor bzw. Prüfer und den Teilnehmern kommen. In der Verordnung über klinische Prüfungen wird ausdrücklich auf diese Risiken eingegangen und der Prüfer verpflichtet, alle relevanten Umstände zu berücksichtigen sowie insbesondere die Frage, ob der potenzielle Prüfungsteilnehmer zu einer wirtschaftlich oder sozial benachteiligten Gruppe gehört oder sich in einer Situation institutioneller oder hierarchischer Abhängigkeit befindet, was seine Entscheidung über die Teilnahme unangemessen beeinflussen könnte. Berücksichtigt werden muss jedoch, dass auch wenn die Bedingungen für eine Einwilligung nach Aufklärung gemäß der Verordnung über klinische Prüfungen vorliegen, jedes klare Ungleichgewicht in der Machtverteilung zwischen dem Teilnehmer und dem Sponsor bzw. Prüfer bedeutet, dass die Einwilligung nicht im Sinne der DSGVO „freiwillig erteilt" wurde. Dies wird nach Ansicht des EDSA zum Beispiel dann der Fall sein, wenn ein Teilnehmer einen schlechten Gesundheitszustand aufweist, Teilnehmer einer wirtschaftlich oder sozial benachteiligten Gruppe angehören oder sich in einer institutionellen oder hierarchischen Abhängigkeit befinden. Daher und wie in den Leitlinien der Artikel-29-Datenschutzgruppe in Bezug auf die Einwilligung erläutert, wird die Einwilligung in den meisten Fällen nicht die geeignete Rechtsgrundlage darstellen und daher auf andere Rechtsgrundlagen als die Einwilligung zurückzugreifen sein."

15 Europäischer Datenschutzausschuss, 'Stellungnahme 3/2019 zu den Fragen und Antworten zum Zusammenspiel der Verordnung über klinische Prüfungen und der Datenschutz-Grundverordnung (DSGVO) (Artikel 70 Absatz 1 Buchstabe b)' (2019) S. 6-7, <https://edpb.europa.eu/sites/default/files/files/file1/edpb_opinionctrq_a_final_de.pdf> (zul. abgerufen: 27.03.2023).

16 Im vergangenen Jahr gab es Länder, in denen Bußgelder in Höhe von mehreren Millionen Euro verhängt wurden und welche, in denen kein einziges Bußgeld in Höhe von einer Million Euro verhängt wurde.

den und den ihnen zur Verfügung gestellten Ressourcen gibt es nach wie vor erhebliche Unterschiede. Dieses Ungleichgewicht kann sich auch auf Forschungsumgebungen auswirken, insbesondere dann, wenn große Unternehmen ihre Forschungsabteilungen in Staaten mit wenig Sanktionserfahrung haben. Für Interessierte ist ein kürzlich veröffentlichter Bericht des EDSA zu diesen Themen weiterführend.[17]

Nationale Unterschiede bestehen auch in der Frage, ob eine neue Rechtsgrundlage für eine sekundäre Verarbeitung erforderlich ist, die als mit dem primären Zweck der Verarbeitung vereinbar angesehen wird. In diesem Zusammenhang bleibt beispielsweise unklar, ob eine Sekundärnutzung von soziologischen Forschungsdaten, die ursprünglich auf der Grundlage einer Einwilligung erhoben und verarbeitet wurden, ihrerseits auf der Grundlage eines anderen Rechtsgrundes als der ursprüngliche Einwilligung gerechtfertigt sein muss.[18] Ebenso gibt es nach wie vor keinen standardisierten europäischen Ansatz für die Durchführung einer Datenschutzfolgenabschätzung. Das bedeutet, dass bei allen Forschungsarbeiten, für die eine Datenschutzfolgenabschätzung erforderlich ist – zum Beispiel bei Forschungsarbeiten, die eine „umfangreiche Verarbeitung sensibler Daten" beinhalten – unklar bleibt, wie genau die erforderliche Abschätzung durchgeführt werden soll.

In diesem Zusammenhang möchte ich daran erinnern, dass in Fällen, in denen die Datenschutz-Grundverordnung keine konkreten Vorgaben macht, nationale Besonderheiten als wichtige treibende Faktoren für spezifische Auslegungsfragen auftauchen. So scheint es beispielsweise nationale Unterschiede in Bezug auf den Umfang des Konzepts der personenbezoge-

---

17 Europäischer Datenschutzausschuss, 'Overview on resources made available by Member States to the Data Protection Authorities and on enforcement actions by the Data Protection Authorities' (2021) S. 4-8, 13-20 <https://edpb.europa.eu/system/files/2021-08/edpb_report_2021_overviewsaressourcesandenforcement_v3_en_0.pdf> (zul abgerufen: 27.03.2023).

18 S. z.B. die unterschiedlichen Meinungen in: Bundesbeauftragter für den Datenschutz und die Informationsfreiheit, 'Anonymisierung unter der DSGVO unter besonderer Berücksichtigung der TK-Branche' (2020), S. 6-7 <https://www.bfdi.bund.de/SharedDocs/Downloads/DE/Konsultationsverfahren/1_Anonymisierung/Positionspapier-Anonymisierung.pdf?__blob=publicationFile&v=4> (zul. abgerufen: 27.03.2023); Europäischer Datenschutzbeauftragte 'A Preliminary Opinion on data protection and scientific research' (2019), S. 22-23 <https://edps.europa.eu/sites/edp/files/publication/20-01-06_opinion_research_en.pdf> (zul. abgerufen: 27.03.2023).

nen Daten und in Bezug auf die Frage, wann Daten tatsächlich als anonymisiert gelten, zu geben.[19]

4.4 Ausnahmen für die Forschung innerhalb des Textes der Datenschutz-Grundverordnung

Während die Vorschriften der Datenschutz-Grundverordnung im Allgemeinen für die Forschung gelten, sieht der Gesetzestext auch eine Reihe von Ausnahmen vor, die speziell für die Verarbeitung zu Forschungszwecken gelten und Abweichungen vom normalen Schutzstandard ermöglichen.

Unter anderem gilt eine Ausnahme für die Verarbeitung zu Forschungszwecken in Bezug auf den Grundsatz der Zweckbindung in Artikel 5 Absatz 1 Buchstabe b DSGVO – die Verarbeitung zu Forschungszwecken wird im Allgemeinen als mit dem ursprünglichen Zweck der Verarbeitung vereinbar angesehen. Wie weit diese Ausnahme im Einzelfall reicht, ist allerdings nicht geklärt. Ist z.B. ein völlig anderer Zweck als der Erhebungszweck im Namen der Forschung gerechtfertigt?

Ebenso gibt es eine Ausnahme für die Verarbeitung zu Forschungszwecken in Bezug auf den Grundsatz der Speicherbegrenzung in Artikel 5 Absatz 1 Buchstabe e DSGVO – personenbezogene Daten können für längere Zeiträume gespeichert werden, als dies normalerweise zulässig wäre, sofern diese „ausschließlich für im öffentlichen Interesse liegende Archivzwecke oder für wissenschaftliche und historische Forschungszwecke oder für statistische Zwecke…verarbeitet werden“. Dies bedeutet zum Beispiel, dass die Speicherung von Forschungsdaten nach dem Ende eines Projekts, für das sie erhoben wurden, keinen Verstoß gegen den Grundsatz der Speicherbegrenzung darstellen muss.[20]

19 S. z.B. CNIL, L'anonymisation de données personnelles (2020) <https://www.cnil.fr/fr/lanonymisation-de-donnees-personnelles> (zul. abgerufen: 27.03.2023); DPC, 'Guidance Note: Guidance on Anonymisation and Pseudonymisation' (2019), S. 7-8 <https://www.dataprotection.ie/sites/default/files/uploads/2022-04/Anonymisation%20and%20Pseudonymisation%20-%20latest%20April%202022.pdf> (zul. abgerufen: 27.03.2023).

20 S. z.B. Matthias Bäcker, Sebastian Golla, HandreichungDatenschutz, 2. Auflage (2020) <https://www.konsortswd.de/wp-content/uploads/RatSWD_Output8.6_HandreichungDatenschutz_2.pdf> (zul. abgerufen: 27.03.2023).

Ausnahmen gelten auch in Bezug auf die Rechte der betroffenen Personen. So gibt es beispielsweise eine Ausnahme vom Informationsrecht der betroffenen Person nach Artikel 14 DSGVO für die Verarbeitung zu Forschungszwecken, wenn die personenbezogenen Daten nicht von ihr erhoben werden und wenn die Bereitstellung von Informationen „sich als unmöglich erweist oder einen unverhältnismäßigen Aufwand erfordern würde (...) oder soweit die (...) Pflicht voraussichtlich die Verwirklichung der Forschungsziele [der] Verarbeitung unmöglich macht oder ernsthaft beeinträchtigt". Dies bedeutet beispielsweise, dass Biobanken, die rechtmäßig personenbezogene Daten über Einzelpersonen erhalten, in bestimmten Fällen, in denen diese Personen nicht kontaktiert werden können, auch nicht verpflichtet sind, diese Personen über die Verarbeitung zu informieren.[21]

Eine weitere Ausnahme im Rahmen der Verarbeitung zu Forschungszwecken gilt für das „Recht auf Vergessenwerden" in Artikel 17 DSGVO. Sie sieht vor, dass personenbezogene Daten nicht gelöscht werden müssen, wenn dies ansonsten erforderlich wäre, wenn eine solche Löschung „voraussichtlich die Verwirklichung der Ziele [der] Verarbeitung unmöglich mach[en würde] oder ernsthaft beeinträchtig[en würde]". Diese Ausnahme wurde in den bisherigen Diskussionen über die Folgen des Widerrufs der Einwilligung in der Forschung vielleicht nur unzureichend berücksichtigt. Beispielsweise geht der EDSA in seiner Stellungnahme zum Zusammenspiel der Verordnung über klinische Prüfungen und der Datenschutz-Grundverordnung kaum darauf ein.[22]

Auf jede dieser Ausnahmen können sich Forscherinnen und Forscher jedoch nur berufen, wenn bestimmte Bedingungen erfüllt sind. Bestimmte Ausnahmen werden nur in bestimmten Szenarien relevant – z.B. wird die Ausnahme vom „Recht auf Vergessenwerden" nur dann relevant, wenn die Ziele der Verarbeitung nicht erreicht werden könnten, wenn die Daten gelöscht würden. Die Inanspruchnahme der meisten Ausnahmen ist wiederum an die Erfüllung bestimmter Bedingungen geknüpft, mit denen

21 Ciara Staunton, 'Individual Rights in Biobank Research Under the GDPR' in GDPR and Biobanking: Individual Rights, Public Interest and Research Regulation across Europe, Santa Slokenberga, Olga Tzortzatou, Jane Reichel (Hrsg.) (2021), S. 91, 93 <https://link.springer.com/chapter/10.1007/978-3-030-49388-2_6> (zul. abgerufen 27.03.2023).

22 Europäischer Datenschutzausschuss, Stellungnahme 3/2019 zu den Fragen und Antworten zum Zusammenspiel der Verordnung über klinische Prüfungen und der Datenschutz-Grundverordnung (DSGVO) (Artikel 70 Absatz 1 Buchstabe b) (2019), S. 7 ff. <https://edpb.europa.eu/sites/default/files/files/file1/edpb_opinionctrq_a_final_de.pdf> (zul. abgerufen: 27.03.2023).

sichergestellt werden soll, dass die Rechte der betroffenen Person auch dann angemessen geschützt werden, wenn in einem bestimmten Fall eine Ausnahme für einen bestimmten Schutzaspekt gilt. Im Allgemeinen verweisen die Ausnahmen auf die Notwendigkeit sicherzustellen, dass eine Reihe der in Artikel 89 Absatz 1 DSGVO genannten Bedingungen erfüllt sind. So müssen „geeignete Garantien für die Rechte und Freiheiten der betroffenen Person gemäß dieser Verordnung“ getroffen werden. Mit diesen Garantien wird sichergestellt, dass technische und organisatorische Maßnahmen bestehen, mit denen insbesondere die Achtung des Grundsatzes der Datenminimierung gewährleistet wird. Zu diesen Maßnahmen kann die Pseudonymisierung oder Verschlüsselung gehören, sofern es möglich ist, diese Zwecke auf diese Weise zu erfüllen.

In diesem Zusammenhang sind Forscherinnen und Forscher in Bezug auf die Sekundärnutzung wissenschaftlicher Daten gemäß der Ausnahmeregelung für die Forschung in Artikel 5 Absatz 1 Buchstabe b DSGVO verpflichtet, soweit möglich, anonyme Daten im Gegensatz zu personenbezogenen Daten zu verarbeiten. Ist dies nicht möglich, müssen sie sicherstellen, dass die Verarbeitung mit allen anwendbaren Bedingungen der Datenschutz-Grundverordnung übereinstimmt – die trotz der Ausnahmeregelung gültig bleiben – und gewährleisten, dass einschlägige Maßnahmen ergriffen werden, um den Schutz der Rechte der betroffenen Personen zu gewährleisten, einschließlich, wo immer möglich, der Verwendung von Pseudonymisierung.

Welche Bedeutung dem Begriff der pseudonymen Forschungsdaten zugemessen wird, ist eine Frage, die in unterschiedlichen Forschungszusammenhängen immer wieder diskutiert wird. In Erwägungsgrund 26 der DSGVO heißt es: „Einer Pseudonymisierung unterzogene personenbezogene Daten, die durch Heranziehung zusätzlicher Informationen einer natürlichen Person zugeordnet werden könnten, sollten als Informationen über eine identifizierbare natürliche Person betrachtet werden.“ Es gibt jedoch anhaltende Debatten über den Umfang des Konzepts der pseudonymen Daten. Es gibt Argumente dafür, dass pseudonyme Daten unter bestimmten Umständen (Stichwort: relativer Personenbezug) nicht als personenbezogene Daten gelten.[23] Es gibt aber auch Auslegungen, die pseudonyme Daten

---

23 S. z.B. Alexander Roßnagel, ‘Pseudonymisierung personenbezogener Daten’ (2018) 6 ZD 243, 243-248. Miranda Mourby, Elaine Mackey, Mark Elliot, et. al., Are ‘pseudonymised’ data always personal data? Implications of the GDPR for administrative data research in the UK (2018) 34:2 Computer Law and Security Review 222, 222-233

immer als personenbezogene Daten ansehen (Irland).[24] Diese Diskussion ist – insbesondere in größeren europäischen Forschungsverbünden – von enormer Wichtigkeit und eine Klärung z.B. durch den EDSA, der dies in seinem Arbeitsprogramm wohl auch auf der Agenda hat, wäre erstrebenswert.[25] Auch im Hinblick auf aktuell diskutierte Ansätze wie z.B. Datentreuhänder und das Gesundheitsdatennutzungsgesetz sind hiervon wertvolle Hinweise zu erwarten. In diesem Zusammenhang braucht es klare Kriterien, ab wann Daten als pseudonymisiert oder anonymisiert zu betrachten sind. Nur dann können sich die gewünschten Forschungs- und Geschäftsmodelle in diesen Bereichen etablieren.[26] Obwohl es gerade im Bereich der Datentreuhänder in der Sozial- und Medizinforschung schon Beispiele gibt,[27] würden neue Anwendungsfelder wie z.B. Datentreuhandmodelle im Bereich des autonomen Fahrens, von Hilfestellungen sehr profitieren.

4.5 Zu den Ausnahmen auf Ebene der Mitgliedstaaten im Rahmen von Öffnungsklauseln

Darüber hinaus enthält die Datenschutz-Grundverordnung eine Vielzahl von Öffnungsklauseln, die von den EU-Mitgliedstaaten genutzt werden können, um von den grundsätzlich geltenden Vorschriften abzuweichen.

Im Bereich der Forschung ist vor allem die in Artikel 89 DSGVO enthaltene Öffnungsklausel relevant. Sie erlaubt es, im nationalen Recht Ausnahmen von der Anwendbarkeit bestimmter DSGVO-Rechte zu formulieren – darunter z.B. vom in Artikel 15 DSGVO formulierten „Auskunftsrecht

---

<https://www.sciencedirect.com/science/article/pii/S0267364918300153?via%3Dihub> (zul. abgerufen: 27.03.2023).

24 DPC, Guidance Note: Guidance on Anonymisation and Pseudonymisation (2019) 13 <https://www.dataprotection.ie/sites/default/files/uploads/2022-04/Anonymisation%20and%20Pseudonymisation%20-%20latest%20April%202022.pdf> (zul. abgerufen: 27.03.2023).

25 European Data Protection Board, EDPB Work Programme 2023/2024 (2023) <https://edpb.europa.eu/system/files/2023-02/edpb_work_programme_2023-2024_en.pdf> (zul. abgerufen: 27.03.2023).

26 Datenstrategie der Bundesregierung: https://www.bundesregierung.de/breg-de/service/publikationen/datenstrategie-der-bundesregierung-1845632 (zul. abgerufen: 27.03.2023).

27 S. z.B. Benedikt Buchner, Anna C. Haber, Horst K. Hahn, et. al., Das Modell der Datentreuhand in der medizinischen Forschung (2021) 12 Datenschutz und Datensicherheit 806, S. 808-809 <https://link.springer.com/content/pdf/10.1007/s11623-021-1534-y.pdf> (zul. abgerufen: 27.03.2023).

der betroffenen Person". Auch gewährt beispielsweise Artikel 9 Absatz 4 DSGVO eine Öffnungsklausel, um Ausnahmeregelungen für Forschungstätigkeiten mit bestimmten Formen von sensiblen personenbezogenen Daten auszuarbeiten. Der Artikel bezieht sich auf „zusätzliche Bedingungen, einschließlich Beschränkungen (...) soweit die Verarbeitung von genetischen, biometrischen oder Gesundheitsdaten betroffen ist". In Deutschland beispielsweise sind bestimmte Erlaubnistatbestände zur Verwendung von Patientendaten in der Forschung in krankenhausspezifischen Landesgesetzen festgelegt, die durch Artikel 9 Absatz 4 DSGVO legitimiert sind.[28]

Die Verwendung von Öffnungsklauseln ist jedoch häufig mit einer Reihe von Einschränkungen und Bedingungen verbunden, die sich allerdings auf die Art und Weise der rechtmäßigen Verabschiedung nationaler Rechtsvorschriften beschränken. So sind beispielsweise nicht alle möglichen nationalen Ausnahmen von den Rechten der betroffenen Person gemäß Artikel 89 DSGVO rechtmäßig, sondern nur die, die eine Reihe zusätzlicher Kriterien (zum Beispiel die nach Artikel 89 Absatz 2 DSGVO) erfüllen.

In Deutschland zum Beispiel enthält das BDSG in § 27 Vorschriften zur „Datenverarbeitung zu wissenschaftlichen oder historischen Forschungszwecken und zu statistischen Zwecken". In § 27 Absatz 2 skizziert das BDSG dann eine Reihe von Ausnahmen für „[d]ie in den Artikeln 15, 16, 18 und 21 der DSGVO vorgesehenen Rechte der betroffenen Person". Dieser Artikel spiegelt die in Artikel 89 DSGVO dargelegten Möglichkeiten wider, von den Rechten der Betroffenen abzuweichen. Nutzen die Mitgliedstaaten die Öffnungsklauseln, stimmen notwendigerweise nicht alle nationalen Gesetze inhaltlich überein. In den Niederlanden beispielsweise sieht das Durchführungsgesetz keine Ausnahmeregelung in Bezug auf das Widerspruchsrecht in Artikel 21 DSGVO vor, während das BDSG dies in § 27 Absatz 2 enthält.[29]

---

28 Holger Koch, Bernd Schütze, Gerald Spyra, et. al., Datenschutzrechtliche Anforderungen an die medizinische Forschung unter Berücksichtigung der EU Datenschutz-Grundverordnung (DS-GVO) (2017) 20 <https://gesundheitsdatenschutz.org/download/forschung_ds-gvo.pdf> (zul. abgerufen: 27.03.2023).

29 Olga Tzortzatou, Santa Slokenberga, Jane Reichel, Biobanking Across Europe Post-GDPR: 'A Deliberately Fragmented Landscape' in GDPR and Biobanking: Individual Rights, Public Interest and Research Regulation across Europe, Santa Slokenberga, Olga Tzortzatou, Jane Reichel (Hrsg.) (2021) 397, S. 409 <https://link.springer.com/content/pdf/10.1007/978-3-030-49388-2.pdf> (zul. abgerufen: 27.03.2023).

4.6 Zusammenfassung

Abschließend möchte ich einige Herausforderungen aufzeigen, die sich aus den angesprochenen Punkten ergeben.

Nach wie vor gibt es Diskussionen über den Umfang des Konzepts der personenbezogenen Daten im Hinblick auf die Konzepte der Pseudonymisierung und Anonymisierung, über den Umfang und die Zweckdienlichkeit der Einwilligung als Rechtsgrundlage und über die Bedingungen, unter denen eine Weiterverarbeitung von Forschungsdaten stattfinden kann. Auch wie genau eine Datenschutzfolgenabschätzung bei Forschungsprojekten in der Praxis durchgeführt werden kann, ist nicht festgelegt.

Eine weitere Herausforderung ist die Vermittlung der Vorschriften der Datenschutz-Grundverordnung an Forscherinnen und Forscher. Ein falsches Verständnis oder mangelnde Aufklärung kann dazu führen, dass die Anforderungen der Datenschutz-Grundverordnung ignoriert werden oder die Datenschutz-Grundverordnung fälschlicherweise als so belastend angesehen wird, dass Forschung mit personenbezogenen Daten überhaupt nicht durchgeführt wird.

Auch herrscht nach wie vor Unklarheit darüber, wie sich die Datenschutz-Grundverordnung in anderen institutionellen und normativen Kontexten verhält. So stellt sich beispielsweise die Frage, wie sich die Vorschriften der Datenschutz-Grundverordnung zu ethischen Grundsätzen und Instrumenten verhalten, z.B. im medizinischen oder psychologischen Bereich.

Darüber hinaus gibt es auf europäischer Ebene bisher kaum relevante gerichtliche Entscheidungen. Auch der Europäische Datenschutzausschuss gibt nach wie vor nur begrenzte Orientierungshilfen für die Forschung – und wenn, dann werfen diese selbst oft weitere inhaltliche und verfahrenstechnische Fragen auf. Antworten könnten in einigen Fällen auf nationaler Ebene gegeben werden – beispielsweise durch Stellungnahmen von der DSK. Hier gilt es jedoch zu bedenken, dass die Antworten auf nationaler Ebene wahrscheinlich zu einer weiteren Fragmentierung in Europa führen können; dennoch wird jede Art der Hilfe durch die Forschung gut angenommen und ist auch im Hinblick auf das Zusammenspiel mit europäischen Forschungsräumen und den genannten Datengesetzen höchst willkommen.

Ich danke für die Aufmerksamkeit und bin auf ihre Fragen gespannt.

Diskussion

Prof. Dr. Alexander Roßnagel, Hessischer Beauftragter für Datenschutz und Informationsfreiheit
Vielen Dank, Frau Boehm. Sie haben am Applaus gemerkt, dass wir alles sehr gut verstanden haben. – Jetzt ist die Frage, wie man das reflektiert und welche Fragen zu den Fragen, die Frau Boehm gestellt hat, noch hinzukommen. Ich bitte um Wortmeldungen.

Tim Weingärtner, Universität Mannheim
Ich würde gerne auf einen Punkt eingehen, den Sie angesprochen haben, und zwar was die Verarbeitung von Forschungsdaten im Rahmen von Art. 5 Abs. 1 Buchst. b DSGVO betrifft, die zweck-kompatible Weiterverarbeitung für Forschungszwecke. Sie haben schon das Problem angesprochen, ob eine erneute Rechtsgrundlage erforderlich ist oder nicht. Dazu kommt noch ein weiterer Punkt. Die Frage ist, ob die privilegierten Forschungszwecke nach Buchst. b gesetzlich unwiderlegbar vermutet sind oder ob noch ein Test im Sinne von Art. 6 Abs. 4 DSGVO, also ein Kompatibilitätstest, durchzuführen ist. Das würde große Unsicherheiten für die Forschenden bergen, immer noch diesen Test durchführen zu müssen. Dann besteht Unsicherheit, wie das Ganze ausfällt.

Wie ist das aus Ihrer Sicht zu verstehen? Ist dieser Test gesetzlich vermutet und unwiderlegbar oder muss der Forschende noch einen zusätzlichen Kompatibilitätstest durchführen? Wie ist das mit der anderen Diskussion über die erneute Rechtsgrundlage zu vereinbaren? Nehmen wir an, Forschungszwecke sind immer kompatibel, und es ist keine gesetzliche Grundlage wie die Einwilligung vonnöten. Das wäre ein Einfallstor für willkürliche Datenverarbeitung. Wie ist das aus Ihrer Sicht zu verstehen?

Dr. Kai-Uwe Loser, Ruhr-Universität Bochum
Ich möchte lediglich unterstützen, was zu Art. 35 DSGVO, also zur Datenschutzfolgenabschätzung, gesagt worden ist. In der Praxis an Hochschulen ist das für den einzelnen Wissenschaftler, der sie durchführen müsste, momentan nicht zu stemmen. Es ist sowieso fachfremder Inhalt in einer gewissen Komplexität. Dazu fehlen praktische Handlungsanweisungen. Wir haben mit verschiedenen Methoden versucht, das durchzuführen. In der Praxis macht es am Ende doch der Datenschutzbeauftragte. Bei einer großen Hochschule ist das aber auch faktisch von der Menge her nicht zu

schaffen. Ich kann nur bekräftigen, dass das eine Idee ist, bei der mir als Praktiker in dem Bereich die Lösungen derzeit fehlen.

Dr. Jan Wacke, Landesbeauftragter für Datenschutz und Informationsfreiheit Baden-Württemberg

Ihre Liste ließe sich noch wesentlich weiter fortsetzen; Sie haben es angedeutet. Erstaunlich finde ich immer wieder, dass als Öffnungsklausel im Bereich der Forschung Art. 89 DSGVO regelmäßig erwähnt wird, Art. 85 DSGVO dagegen nicht, der nicht nur die Regelungsbefugnis einer Öffnungsklausel für Informationsfreiheit und Meinungsfreiheit ermöglicht, sondern auch abweichende Regeln gerade zur Verarbeitung zu wissenschaftlichen Zwecken. – Das nur als theoretische Anmerkung.

Als praktisches Problem stellt sich im Bereich der Forschung, gerade im Gesundheitsbereich, weniger die Frage der Rechtsgrundlage als vielmehr die Frage der ärztlichen Schweigepflicht. Ich glaube, das ist ein Punkt, der in der rechtspolitischen Diskussion noch zu wenig beachtet wird. Die ärztliche Schweigepflicht spielt insbesondere dann eine ganz entscheidende Rolle, wenn es darum geht, ob Ärzte pseudonymisierte Daten an Forscher übermitteln dürfen. Das ist datenschutzrechtlich über § 27 BDSG und Art. 6 Abs. 1 Buchst. f DSGVO durchaus zu bewerkstelligen. Aber die Frage ist: Wann ist die ärztliche Schweigepflicht tangiert? Stellt die Übermittlung von pseudonymisierten Daten, die vielleicht nicht unmittelbar personenbeziehbar sind, in praktischer Hinsicht trotzdem – vielleicht kann Herr Prof. Hilgendorf nachher noch Ausführungen dazu machen – einen Verstoß gegen die ärztliche Schweigepflicht dar, wenn die Personenbeziehbarkeit da noch gegeben ist? Auf diesen Gesichtspunkt möchte ich noch einmal hinweisen, der aus meiner Sicht gerade im Bereich der medizinischen Forschung einer Klärung bedarf.

Dr. Sachiko Scheuing, Acxiom Deutschland GmbH

Ich habe noch vergessen, zu sagen, dass ich im letzten Jahr ein Kapitel in einem Buch zur wissenschaftlichen Marktforschung und deren Handhabung veröffentlicht habe. Während meiner Recherche habe ich die Rolle der Datenschutzbeauftragten entdeckt. Viele Wissenschaftler oder Forscher haben das Problem, dass alle Forschungen, die mit sensiblen Daten zu tun haben, durch das Ethics Board genehmigt werden müssen. Sehr oft wissen die Teilnehmer des Ethics Board nicht, was zu tun ist, was den Datenschutz betrifft.

Ich habe damals gesagt – mein Vorredner hat sich auch dazu geäußert –: Die Datenschutzbeauftragten nehmen hier eine Schlüsselrolle ein. Sie haben z. B. die Datenschutzfolgenabschätzung erwähnt. Es gibt keine einheitlichen Formulare. Fragen Sie bitte Ihre Datenschutzbeauftragten. Sie werden sagen, dass es vielleicht die kommerzielle Lösung einer Firma gibt. Ich habe dieses Projekt leider nicht auf deutscher, sondern auf internationaler Ebene gemacht.

CNIL, die französische Datenschutzaufsichtsbehörde, hat eine Software bzw. eine Handhabung dafür, wie man Datenschutzfolgenabschätzungen durchführt. Das sind wirklich hilfreiche Gerätschaften, die die Wissenschaftler und Forscher sehr gut einsetzen können. – Das war nur ein Kommentar.

Prof. Dr. Franziska Boehm, Karlsruher Institut für Technologie
Der letzte Punkt ist ein wichtiger, und zwar die Zusammenarbeit mit Ethics Boards oder überhaupt ethischen Kommissionen, um deren Wissen über Datenschutz bestmöglich zu nutzen und zu unterstützen. Ich kann nur bestätigen, dass wir im Rahmen der Studien zu den 100 Einwilligungsformularen bei Psychologen genau das festgestellt haben. Jedes dieser Einwilligungsformulare geht durch ein Ethics Board, weil es die Forschung mit sensiblen Daten betrifft, und trotzdem stimmen die Formulare datenschutzrechtlich überhaupt nicht überein, auch nicht mit der nachfolgenden Nutzung der Daten, die da natürlich stattgefunden hat, weil es in den Ethics Boards oft keine Datenschutzkundigen gibt, die darauf einen Einfluss haben. Dies betraf eine Untersuchung von europäischen Einwilligungsformularen innerhalb der Psychologie. Dort kann ich das bestätigen.

Verschiedene Institutionen müssen also zusammenarbeiten oder auch ihre Herangehensweisen abstimmen. Im Rahmen der NFDI wird sicherlich schon einiges versucht, aber das reicht noch nicht aus. Es wäre auch manchmal sinnvoll, noch mal mit der Deutschen Forschungsgemeinschaft zu reden, wie solche Gemeinsamkeiten ausgestaltet werden können, sodass nicht nur die Ethics Boards, sondern auch die Datenschutzbeauftragten den Zusammenhang zwischen ethischen Grundsätzen, die in vielen Wissenschaftsdisziplinen sehr wichtig sind, und dem Datenschutz sehen.

Zur Schweigepflicht: Ich denke, das betrifft vor allen Dingen die Konkretisierung des Begriffs der Pseudonymisierung. Das ist sehr wichtig. Vielleicht wird Herr Federrath dazu im letzten Vortrag noch etwas sagen. Hier fehlen sicherlich noch ein paar Leitlinien. Es wäre wünschenswert, wenn es dazu mehr geben würde und auch eine Vereinheitlichung der Begriffe in den verschiedenen Datengesetzen, die die EU in den letzten Jahren erlassen hat und erlassen möchte. Da sind sicherlich Unterschiedlichkeiten zu beobachten.

Die Datenschutzfolgenabschätzung ist sicherlich ein ganz wichtiges Thema vor allem im Rahmen von immer mehr selbst lernender KI und der KI-Nutzung, um Forschungsdaten auszuwerten. Das sollte man vielleicht zusammenbringen. Wie führe ich eine Datenschutzfolgenabschätzung durch, gerade im Hinblick auf ein KI-Verfahren, mit dem wir Daten auslesen, die dann vielleicht einen Impact für die Rechte der Betroffenen haben, die ihre Daten der Forschung übergeben?

Prof. Dr. Alexander Roßnagel, Hessischer Beauftragter für Datenschutz und Informationsfreiheit

Ich darf zur ersten Frage sagen: Das ist ein Kampf, der in den Kommentaren ausgeführt wird. Es gibt sehr viele Kommentare, die Art. 5 Abs. 1 Buchst. b DSGVO entsprechend auslegen. Ungefähr die Hälfte kommt zu dem Ergebnis, dass man keine zusätzliche Rechtsgrundlage braucht, und die andere Hälfte kommt zu dem Ergebnis, dass man eine braucht. Ich glaube, aus dem Streit kommt man nur heraus, wenn es mal eine Vorlage zum EuGH gibt. Wir haben Herrn von Danwitz kennengelernt. Er wird dann die Frage beantworten und uns sagen, ob wir zu Art 5 Abs. 1 Buchst. b DSGVO eine zusätzliche Rechtsgrundlage brauchen oder ob das nicht der Fall ist. Man könnte hier nur Bekenntnisse abgeben. Ich könnte zu meiner Kommentierung zu Art. 5 DSGVO auch ein Bekenntnis abgeben, aber das hilft an der Stelle nicht weiter.

Ich würde, wenn es erlaubt ist, gerne meine Rolle als Diskussionsleiter ganz kurz verlassen und selbst einen Diskussionsbeitrag leisten, und zwar zu dem Thema der Pseudonymisierung und zu dem Charakter des Personenbezugs.

Ich verstehe den Erwägungsgrund 26 in der Datenschutz-Grundverordnung so, dass allein die Pseudonymisierung als solche nicht dazu führt, dass der Personenbezug verloren geht. Aber wenn ich pseudonymisierte Daten habe, muss ich sie so betrachten oder untersuchen wie alle anderen Daten auch. Dann gelten die ganz allgemeinen Regeln des Personenbezugs. Wenn wir der Theorie des relativen Personenbezugs folgen, was die weit überwiegende Mehrheit tut, dann können pseudonymisierte Daten für manche Verantwortliche einen Charakter haben wie anonyme oder anonymisierte Daten, nämlich dann, wenn das Zusatzwissen des Verantwortlichen nicht dazu führt, dass man den Personenbezug herstellen kann.

Wer ein entsprechendes Zusatzwissen hat, insbesondere der Inhaber der Zuordnungsregel bei der Pseudonymisierung, für den sind die Daten selbstverständlich personenbezogen. Wer sonstige Möglichkeiten des Zusatzwissens hat, der kann auch den Personenbezug herstellen, und dann können sie nicht anonym sein. Aber wenn das für einen bestimmten Verantwortlichen nicht möglich ist, dann sehe ich auch nicht ein, warum man pseudonyme Daten schlechterstellen soll als ganz normale Daten. Bei jedem Datum muss man prüfen, ob es einen Personenbezug hat oder nicht. Das ist letztlich eine Frage der empirischen Wirkung und nicht eine Frage der Definition, die in einem Erwägungsgrund festgelegt werden könnte.

Deswegen ist für mich offen, ob ein pseudonymes Datum anonymisierende Wirkung hat oder nicht, sondern das hängt von den Umständen ab und insbesondere von dem jeweiligen Verantwortlichen, für den ich untersuche, ob personenbezogene Daten vorliegen oder nicht. – Das ist jetzt weniger eine Frage an Frau Boehm, sondern mehr ein Statement. Aber wenn Sie dazu etwas sagen wollen oder dem widersprechen wollen, dann bitte gern.

Prof. Dr. Franziska Boehm, Karlsruher Institut für Technologie
Nein, das sehe ich ähnlich. Ich sehe nur auch die praktischen Probleme, die das manchmal in der Forschung aufwirft. Es mag für Sie einfach sein, das zu erklären; für den Forscher ist es manchmal schwer, gerade in den – vielleicht kann Herr Federrath noch etwas dazu sagen – verschiedenen Stufen und Techniken, die angewendet werden..

Das können wir vielleicht so definieren. Ich würde Ihnen auch zustimmen, dass das so ist. Aber wenn Sie ein Forschungsprojekt mit verschiedenen Beteiligten in unterschiedlichen Ländern mit unterschiedlichen Techniken haben, die angewendet werden, dann gerät der Ansatz manchmal an seine Grenzen. – Das möchte ich noch hinzufügen.

Hans-Hermann Schild, Vorsitzender Richter am VG Wiesbaden i. R.
Nur ganz kurz zu Ihrer Bemerkung eben: Wenn wir, wie Sie gerade, europäisch denken, dann sollten wir auch daran denken, dass es innerhalb des EU-Rechtsrahmens bis jetzt nur personenbeziehbare Daten und nicht personenbezogene Daten gibt. Das ist europäisch geregelt. Insoweit müssen wir uns entscheiden: Sind wir bei nicht personenbezogenen Daten? Dann findet die Datenschutz-Grundverordnung keine Anwendung. Oder sind wir bei personenbeziehbaren Daten? Dann findet sie immer Anwendung.

Prof. Dr. Alexander Roßnagel, Hessischer Beauftragter für Datenschutz und Informationsfreiheit
Herr Schild, das ist zutreffend, sagt als solches aber noch nichts über die Wirkung pseudonymisierter Daten aus.

Christoph Reich, LL.M., Rechtsanwalt
Können Sie noch mal näher ausführen, was Sie damit sagen wollten? Ich bin, ehrlich gesagt, gerade in rechtlichen Kategorien verhaftet. Entweder wir haben personenbezogene Daten, oder wir haben keine personenbezogenen Daten. Sie wollen jetzt eine weitere Ebene einziehen und sagen, es hängt von der Wirkung ab. Dann stellt sich für den Verantwortlichen – ich habe beispielsweise einen Auftragsverarbeiter, einen Treuhänder, wen auch immer – die Frage: Kann jemand die Daten zurückverfolgen, ja oder nein? Oder wie stellen Sie sich diese Wirkung vor? Vielleicht können Sie das noch mal näher erläutern.

Prof. Dr. Alexander Roßnagel, Hessischer Beauftragter für Datenschutz und Informationsfreiheit
Die Personenbeziehbarkeit ist keine Eigenschaft des Datums, sondern des Verhältnisses zu dem Verantwortlichen. Wenn man das relative Konzept der Personenbeziehbarkeit zugrunde legt, dann muss man das für jeden Verantwortlichen getrennt festlegen oder bestimmen. Es gibt jemanden, der kein Zusatzwissen hat und dann mit einer Zahl nichts anfangen kann. Es gibt jemand anderen, für den diese Zahl die Kundennummer ist. Dieses Unternehmen kann mit dieser Zahl den Personenbezug herstellen. Wenn Sie irgendwo hier im Raum einen Zettel mit einer Nummer finden, können Sie nichts damit anfangen. Aber das Unternehmen, dessen Kunde die Person ist, die den Zettel verloren hat, kann den Personenbezug herstellen. Insofern muss ich von Verantwortlichem zu Verantwortlichem unterscheiden.

Ich wollte gerade keine neue Kategorie einführen, sondern sagen: Pseudonyme Daten sollen behandelt werden wie alle anderen Daten auch. Dann ist es eine Frage des relativen Zusatzwissens, ob bezogen auf einen Verantwortlichen ein Personenbezug oder Personenbeziehbarkeit besteht – über das Wissen, das er hat – oder ob das gerade nicht der Fall ist. Es ist doch völlig klar, dass CIA und NSA ganz andere Möglichkeiten haben, etwas herauszufinden, als ich persönlich. Deswegen ist es denkbar, dass ein Datum für die NSA personenbezogen ist und für mich nicht.

Wenn die Daten pseudonymisiert sind, kann genau das Gleiche der Fall sein. Deswegen kann ich das, wenn ich im Allgemeinen diese Sichtweise vertrete, bei Pseudonymen nicht grundsätzlich festlegen – das wäre dann eine Eigenschaft des Datums und nicht der Relation – ob ein pseudonymes Datum anonyme Wirkung hat oder nicht. Wir wären äußerst schlecht beraten, meine ich – das ist jetzt ein rechtspolitisches Argument –, wenn wir pseudonyme Daten schlechterstellen als normale Daten.

Jetzt schlage ich vor, wir gönnen uns eine Kaffeepause. Wir sehen uns um 15:45 Uhr wieder hier und fahren dann fort mit dem Vortrag von Herrn Hilgendorf.

Prof. Dr. Alexander Roßnagel, Hessischer Beauftragter für Datenschutz und Informationsfreiheit
Meine sehr verehrten Damen und Herren! Ich hoffe, Sie sind alle gestärkt und durch den Kaffee hellwach, sodass Sie dem Vortrag von Herrn Hilgendorf gut lauschen können.

Herr Hilgendorf hat an der Universität Würzburg einen Lehrstuhl für Strafrecht, Strafprozessrecht, Rechtstheorie, Informationsrecht und Rechtsinformatik und leitet eine Forschungsstelle für Roboterrecht. Sein Vortragstitel lautet „Der Datenschutz in der künftigen Regulierung europäischer Forschungsdatenräume". – Bitte sehr, Herr Hilgendorf.

5 Vom Datenschutz zum Datenhandel – Friktionen in der europäischen Digitalpolitik

Prof. Dr. Dr. Eric Hilgendorf, Universität Würzburg[*]

5.1 Einleitung

Glaubt man der Europäischen Kommission, so befinden wir uns auf dem „Weg ins digitale Jahrzehnt". Seit Frühjahr 2020 bringt die EU in hohem Tempo immer neue Rechtsakte zur Regulierung der digitalen Transformation auf den Weg, wobei häufig auf die von der „High Level Expert Group on AI" erarbeiteten Standards Bezug genommen wird.[1] Zu den wichtigsten Neuerungen gehören der „Digital Markets Act",[2] der „Digital Services Act",[3] der Entwurf einer KI-Verordnung[4] und zuletzt der überaus ambitionierte Vorschlag zu einem neuen „Data Act".[5] Ziel der EU ist es, einen belastbaren Rechtsrahmen für die Digitale Transformation in Europa zu schaffen, Sicherheit in den Netzen zu gewährleisten und gleichzeitig den Übergang vom traditionellen „Datenschutz" zur gemeinwohlfördernden „Datennutzung" in die Wege zu leiten.[6]

Zu den genannten großen Rechtsakten tritt noch eine Vielzahl kleiner Regulierungen und Regulierungsvorschläge hinzu. Eine aktuelle Übersicht auf einer Internetseite des Europäischen Parlaments zählt sage und schreibe

* Die Vortragsfassung wurde nur leicht überarbeitet und um Anmerkungen ergänzt. Für seine tatkräftige und überaus kompetente Hilfe beim Durchforsten der zahlreichen neuen EU-Rechtsakte danke ich Herrn Nicolas Kutschera sehr herzlich.

1 https://digital-strategy.ec.europa.eu/en/policies/expert-group-ai. Näher dazu Hilgendorf, Gemeinwohlorientierte Gesetzgebung auf Basis der Vorschläge der EU „High Level Expert Group on Artificial Intelligence", in: Piallat (Hrsg.), Der Wert der Digitalisierung. Gemeinwohl in der digitalen Welt, 2021, S. 223 – 251. Der Verfasser wirkte als einer der deutschen Experten in der High Level Expert Group mit.

2 https://commission.europa.eu/strategy-and-policy/priorities-2019-2024/europe-fit-digital-age/digital-markets-act-ensuring-fair-and-open-digital-markets_en.

3 https://digital-strategy.ec.europa.eu/en/policies/digital-services-act-package.

4 https://digital-strategy.ec.europa.eu/en/policies/regulatory-framework-ai.

5 https://eur-lex.europa.eu/legal-content/EN/TXT/?uri=COM%3A2022%3A68%3AFIN.

6 Dazu eingehend Hilgendorf/Vogel, JZ 2022, S. 380 - 388.

101 solcher Rechtsakte auf.[7] Selbst für Spezialistinnen und Spezialisten ist es kaum möglich, hier noch einen Überblick zu behalten, zumal sich die Regelungsvorschläge auf sämtliche Rechtsgebiete erstrecken. Es kommt zu offenkundigen Überschneidungen, gelegentlich auch zu Widersprüchen, die sich teilweise zwischen den Entwürfen ergeben, mehr aber noch im Verhältnis zu älteren EU-Regelungen. So ist etwa unklar, wie sich die Vorschriften über Hochrisiko-KI-Systeme im Entwurf der neuen KI-Verordnung mit dem überkommenen EU-Produkthaftungsrecht vereinbaren lassen sollen.[8] Meine Vermutung geht dahin, dass selbst die gesetzesvorbereitenden Kommissionsmitarbeiterinnen und -mitarbeiter ihre Vorschläge nicht immer hinreichend aufeinander abstimmen.

Über die Gründe für dieses hohe – viele würden sagen: zu hohe – Tempo kann man nur spekulieren. Eine Erklärung könnte sein, dass es die Kommission vermeiden möchte, von den großen Digitalkonzernen weiterhin vor vollendete Tatsachen gestellt zu werden. Dazu passt, dass immer wieder hochrangige Kommissionsmitarbeiter oder sogar Mitglieder der Kommission selbst mit der Aussage zitiert werden, es ginge darum, Internet und Datenwirtschaft endlich gemeinwohlverträglich zu regulieren.[9]

Die Entwürfe haben nach meinem Eindruck ganz überwiegend ein hohes Niveau und könnten tatsächlich dazu beitragen, die Digitalwirtschaft in Europa in einer grundrechtssensitiven, verbraucherfreundlichen und gemeinwohlorientierten Weise zu ordnen. Dennoch führt das Tempo, in welchem die Regulierungsvorhaben aufeinanderfolgen, wie nicht anders zu erwarten, zu teilweise erheblichen Friktionen. Besonders problemträchtig, und das ist das Thema, zu dem ich heute vor Ihnen sprechen darf, ist die deutliche Spannung, die zwischen der Datenschutz-Grundverordnung und neuen gesetzgeberischen Vorstößen in Richtung auf die Schaffung einer europäischen Datenökonomie besteht.

---

7 https://www.europarl.europa.eu/legislative-train/theme-a-europe-fit-for-the-digital-age.

8 Richtlinienvorschlag Produkthaftung, COM (2022) 495 final, dazu Wagner, JZ 2023, S. 1 ff. Hintergründe bei Rott, Produkthaftung im Zeitalter der Digitalisierung, in: Mensch-Technik-Umwelt: Verantwortung für eine sozialverträgliche Zukunft. FS Roßnagel zum 70. Geburtstag, 2020, S. 639 ff.

9 Umfassend Nemitz/Pfeffer, Prinzip Mensch. Macht, Freiheit und Demokratie im Zeitalter der Künstlichen Intelligenz, 2. Aufl. 2020. Paul Nemitz ist Hauptberater in der EU-Kommission, Generaldirektion Justiz und Verbraucherschutz.

5.2 Überblick über die neuen Rechtsakte

Im Data Governance Act, vorgestellt am 25. November 2020 und am 23. Juni 2022 in Kraft getreten, geht es darum, die Verfügbarkeit und den Austausch von Daten als dem „Öl des 21. Jahrhunderts“ zwischen Privatpersonen, Unternehmen und der öffentlichen Hand zu erleichtern. Daten aus Bereichen wie Agrarwirtschaft, Energie, Fertigung, Gesundheit, Mobilität, öffentliche Verwaltung und Umwelt sollen effektiver für das Gemeinwohl genutzt werden. Dies betrifft nicht bloß wirtschaftliche Effizienz und Wertschöpfung, sondern auch den Einsatz von Daten in Forschung und Innovation, ein Gesichtspunkt, dessen große Bedeutung die Corona-Pandemie unübersehbar vor Augen geführt hat. In der Verordnung werden neue Akteure, etwa neutrale Datentreuhänder und Datenmittler, definiert. Im Data Governance Act wird des Weiteren die Möglichkeit einer Datenspende, also die freiwillige Bereitstellung von Daten durch einzelne Personen oder Unternehmen zur Förderung des Gemeinwohls, behandelt. In diesem Zusammenhang sollen auch sogenannte „datenaltruistische Organisationen“ entstehen, welche den freien Fluss der Daten fördern. Auf diese Weise schafft der Rechtsakt die Grundlagen für einen gemeinsamen europäischen Datenraum.

Im Digital Services Act (DSA), vorgestellt am 15. Dezember 2020[10] und am 16. November 2022 in Kraft getreten, geht es im Kern darum, die großen Internetanbieter, insbesondere die Anbieter von Online-Plattformen und sozialen Medien, stärker in die Pflicht zu nehmen, indem ihnen unter anderem detaillierte Sorgfalts- und Rechenschaftspflichten auferlegt werden. Dazu knüpft der DSA an das deutsche Netzwerkdurchsetzungsgesetz an und bildet es fort. Plattformbetreiber werden verpflichtet, Transparenz zu schaffen, Nutzern Widerspruchsmöglichkeiten zu geben, zügig gegen rechtswidrige Inhalte vorzugehen und besser mit den staatlichen Behörden zu kooperieren.

Zusammen mit dem Digital Services Act wurde am 15. Dezember 2020 auch der Vorschlag für eine Verordnung über „faire Märkte im digitalen Sektor“ (Digital Markets Act, DMA) publiziert.[11] Ziel dieses Rechtsaktes, der am 1. November 2022 in Kraft trat, ist es, mehr Wettbewerb auf den europäischen digitalen Märkten zu sichern. Dazu wird als neues Konzept der sog „Gatekeeper“ eingeführt. Gatekeeper – in der deutschen Fassung

10 Siehe oben Fn. 3.
11 Siehe oben Fn. 2.

„Torwächter" genannt – ist nach Art. 3 Abs. 1 DMA jeder Betreiber eines zentralen Plattformdienstes (Art. 1 Abs. 2 DMA), der erhebliche Auswirkungen auf den Binnenmarkt hat, gewerblichen Nutzern als Zugangstor zu Endnutzern dient, und der hinsichtlich seiner Tätigkeiten eine gefestigte und dauerhafte Position innehat oder absehbar in Kürze erlangen wird. Letztlich geht es also um Plattform-Unternehmen mit besonders großer Marktmacht. In Art. 3 Abs. 2 DMA werden quantitative Kriterien aufgestellt (45 Millionen Endnutzer bzw. 10.000 gewerbliche Nutzer in der EU).

Besonders einschneidend ist die Festlegung des Digital Market Acts, dass Gatekeeper Daten unterschiedlicher Onlinedienste nicht mehr kombinieren dürfen. Dies bedeutet wohl unter anderem, dass Regeln für Instagram, WhatsApp und Facebook neu gestaltet werden müssen. In ähnlicher Weise sind auch andere Big-Tech-Unternehmen wie Microsoft, Google, Apple und Amazon betroffen.

Der Entwurf eines Artificial Intelligence Act (AI Act, AIA) vom 21. April 2021[12] sieht vor, KI-Technologie in Risikoklassen zu unterteilen. Besonders gefährliche Technologien, etwa solche, die zur unbewussten Beeinflussung von Menschen eingesetzt werden könnten, werden verboten. In eine zweite Kategorie fallen sogenannten Hochrisiko-Technologien, etwa KI-Systeme, die im Bereich von Bewerberauswahl, in Strafverfahren, im Straßenverkehr oder für Grenzkontrollen eingesetzt werden sollen. Der Einsatz derartiger Technologien ist zwar zulässig, wird aber detailliert reguliert. Dagegen gelten für weniger gefährliche bzw. ungefährliche KI-Technologien im Wesentlichen bloß Transparenzpflichten. Bemerkenswert am AI Act ist das sehr weite Verständnis von Künstlicher Intelligenz, das dazu führen könnte, dass große Teile der Digitaltechnik der Verordnung unterfallen. Ergänzt wird der AI Act durch einen neuen Vorschlag für ein modernisiertes KI-Haftungsrecht, der die Produkthaftungsrichtlinie ergänzt.[13]

Zu nennen schließlich auch der Entwurf eines Data Act vom 23. Februar 2022,[14] der ähnlich wie der Data Governance Act den Zugang und Handel mit Daten erleichtern soll. Dazu wurde im Februar 2022 auch ein Vorschlag

---

12 Siehe oben Fn. 4. Näher Hilgendorf/Roth-Isigkeit, Die neue Verordnung der EU zur Künstlichen Intelligenz: Rechtsfragen und Compliance, 2023. Zum datenschutzrechtlichen Hintergrund Vogel, Künstliche Intelligenz und Datenschutz. Vereinbarkeit intransparenter Systeme mit geltendem Datenschutzrecht und potentielle Regulierungsansätze, 2022.

13 Richtlinienvorschlag KI-Haftung, COM (2022) 496 final, dazu Wagner JZ 2023, S. 1 ff.

14 Dazu oben Fn. 5.

zu einer methodologischen Analyse der Datenströme in der EU publiziert.[15] Ziel des Data Acts ist es, Datensilos aufzubrechen und so ein innovations- und handelsfreundliches Umfeld für die Wertschöpfung aus Daten zu ermöglichen. Dies soll u.a. durch Datenzugangs- und Datenübertragungsrechte für Nutzer von datenerzeugenden Produkten oder Dienstleistungen erreicht werden, aber auch durch Regelungen zur Vertragsgestaltung von Unternehmen, die untereinander Daten tauschen wollen. Im Data Act finden sich außerdem wieder Regelungen zu sog. „Gatekeepern".

Juristisch geht es in den genannten Rechtsakten um die Weiterentwicklung des tradierten Datenschutzrechtes zu einem allgemeinen Datenrecht, wirtschaftlich um die Realisierung der mit Daten heute möglichen Wertschöpfung und politisch um das Aufbrechen von „Datensilos" sowie die Einhegung der Tech-Giganten, welche die weitgehend unregulierte Datenlandschaft der vergangenen zwei Jahrzehnte dazu genutzt haben, ungeheure Reichtümer aufzuhäufen und Quasi-Monopole zu errichten, deren politische und wirtschaftliche Gefahren mittlerweile immer deutlicher werden.[16]

Will man die skizzierte Entwicklung auf eine knappe Formel bringen, so könnte man sagen, dass das tradierte Datenschutzrecht zu einem allgemeinen europäischen Datenrecht weiterentwickelt werden soll.[17] Die potentiell weit über Europa hinausreichende Wirksamkeit der neuen Rechtsakte wird von der Kommission durchaus erkannt und offen ausgesprochen. Dahinter steht das Phänomen des „Brussels Effect", der sich daraus ergibt, dass US-Konzerne, um auf dem Europäischen Markt erfolgreich zu sein, rechtliche EU-Vorgaben häufig bei ihren Geschäftsmodellen und der Gestaltung ihrer Produkte berücksichtigen.[18] Der „Brussels Effect" beruht also auf ökonomischem Kalkül, nicht unbedingt auf Anerkennung einer Überlegenheit der Europäischen Gesetzgebung. Die gegenwärtigen politischen und ökonomischen Entwicklungen, die die Stellung der USA gegenüber Europa erheblich verstärkt haben und wohl noch weiter verstärken werden, dürften dazu beitragen, den „Brussels Effect" deutlich abzuschwächen.

---

15 Study on Mapping Data flows vom 3.2.2022, https://digital-strategy.ec.europa.eu/en/library/study-mapping-data-flows, wo es heisst: „The final report of the study provides a new and self-sustained methodology to estimate and monitor the volume and types of enterprise data flowing between cloud infrastructures within Europe and for investigating where data is flowing geographically across Europe."

16 Nemitz/Pfeiffer (Fn. 9), S. 53 ff.

17 Hilgendorf/Vogel, JZ 2022, S. 380.

18 Bradford, The Brussels Effect: How the European Union Rules the World, 2020.

Künftig lassen sich drei große Teilbereiche des Datenrechtes unterscheiden: das *Datenwirtschaftsrecht*, in dem es um die Verfügbarkeit und den Handel mit Daten geht, das traditionelle *Datenschutzrecht*, welches den Schutz des Rechts auf informationelle Selbstbestimmung regelt und daher den Umgang mit Daten einschränkt, und schließlich das *Internet- und Datenstrafrecht*.[19] Im Folgenden sollen nur die ersten beiden Bereiche des Datenrechts, also das Datenwirtschaftsrecht und das Datenschutzrecht, angesprochen werden.

5.3 Das klassische Datenschutzrecht

Datenschutz ist Grundrechtsschutz. Geschützt wird das Recht auf informationelle Selbstbestimmung, welches vom Bundesverfassungsgericht in seinem berühmten Volkszählungsurteil[20] aus der Menschenwürde und dem Grundrecht auf allgemeine Handlungsfreiheit hergeleitet wurde.

In diesem Urteil wurden auch die bis heute gültigen Grundsätze des Datenschutzrechtes entwickelt. „Nach diesen Grundsätzen“, so formuliert es Roßnagel, „ist jeder Umgang mit personenbezogenen Daten ein Eingriff in das Grundrecht auf informationelle Selbstbestimmung. Er soll daher soweit möglich vermieden werden. Zulässig ist er nur, wenn der Gesetzgeber durch einen Erlaubnistatbestand oder der Betroffene durch seine Einwilligung ihn hinsichtlich Umfang und Zweck gebilligt haben. Er muss dem Betroffenen durch Unterrichtung, Benachrichtigung oder Auskunft gegenüber transparent gemacht werden, um ihnen die Überprüfung der Rechtmäßigkeit und die Geltendmachung seiner Mitwirkungsrechte zu ermöglichen. Der Umgang mit den Daten ist auf den gebilligten Zweck beschränkt und darf nur so weit und so lange erfolgen, wie dies für die Erreichung dieses Zwecks erforderlich ist. Diese Grundsätze sind durch technisch-organisatorische Maßnahmen abzusichern. Dem Betroffenen stehen Mitwirkungsrechte und Rechte auf Schadensersatz zu.“[21]

Diese Grundsätze stehen offenkundig in Widerspruch zu wesentlichen Zielsetzungen der neuen EU-Datengesetze: Im älteren Rechtsregime geht es um den Schutz ganz bestimmter, nämlich personenbezogener Daten, in den neuen Vorgaben um das Verfügbarmachen und den Handel mit

---

19 Hilgendorf/Kusche/Valerius, Computer- und Internetstrafrecht, 3. Aufl. 2022.

20 BVerfGE 65, 1 ff.

21 Roßnagel, Regulierung - was leistet unser Datenschutzrecht (nicht)?, in: Hill (Hrsg.), e-Transformation, 2014, S. 79 ff. (89).

Daten, wobei die Unterscheidung zwischen personenbezogenen und nicht personenbezogenen Daten offenbar keine entscheidende Rolle mehr spielen soll. Dasselbe gilt für den Grundsatz der Datensparsamkeit – bei „Big Data“ geht es ganz im Gegenteil darum, möglichst viele Daten zu erheben und zu speichern. Und auch der Grundsatz der Zweckbindung passt nicht zur neuen ökonomischen Betrachtungsweise; vielmehr sind Daten umso wertvoller, desto umfassender und vielfältiger sie sich auswerten und zur Wertschöpfung einsetzen lassen. Die wirtschaftliche Öffnung des Datenrechts ist keineswegs von vornherein negativ zu bewerten, sie sollte aber doch transparent und kontrolliert erfolgen, um nicht statt der erhofften Gewinne für das Gemeinwohl Probleme, Unverständnis und Misstrauen zu erzeugen.

Über die neuen EU-Regularien hinaus steht der Datenschutz noch vor weiteren Herausforderungen. Ein Kernproblem des deutschen Datenschutzes besteht seit jeher darin, dass sich US-Konzerne eher widerwillig an deutsche Datenschutzvorgaben halten. Bei Europäischen Datenschutzvorgaben sieht dies offenbar anders aus – der „Brussels Effect“ wurde bereits erwähnt. Die Datenschutzgrundverordnung hat sich entgegen den Erwartungen vieler Beobachter in wenigen Jahren zu einer Art internationalem „Goldstandard“ des Datenschutzes entwickelt. Allerdings sind die Regeln zum Datenschutz heute zu komplex; es kündigt sich eine Entwicklung ähnlich wie im Steuerrecht an, das so kompliziert ist, dass es rechtsstaatlichen Anforderungen kaum mehr genügt. Datenschutz-Grundverordnung, Bundesdatenschutzgesetz und zahlreiche Landesgesetze überschneiden sich in einer selbst für Experten nicht immer durchsichtigen Weise. In einer Demokratie sollte es allen Bürgerinnen und Bürgern grundsätzlich möglich sein, die für sie geltenden rechtlichen Vorgaben zu verstehen und die vom Gesetzgeber vorgenommenen Wertungen nachzuvollziehen.

Problematisch ist auch die Vielzahl der Vollzugsdefizite; es dürfte kein Rechtsgebiet geben, bei dem eine vergleichbare Kluft zwischen den gesetzlichen Vorgaben und der Realität besteht. Eine Dunkelfeldforschung, wie sie in der Kriminologie schon lange bekannt ist, existiert allenfalls in Ansätzen. Nicht unproblematisch ist ferner die mangelnde Akzeptanz des Datenschutzes in der Bevölkerung. Die Mehrzahl der Bürgerinnen und Bürger nimmt vom Datenschutz allenfalls oberflächlich Kenntnis. Es wäre deshalb fatal, wenn im Datenschutzrecht, in Kombination mit dem neuen Datenwirtschaftsrecht, eine Entwicklung fortgeführt würde, die auf mittlere Sicht die Gesellschaft von der Idee eines Schutzes informationeller

Selbstbestimmung entfremden könnte. Datenschutz ist nicht nur für das Individuum nach wie vor von überragender Bedeutung,[22] sondern besitzt auch eine besondere politische Dimension, eine Bedeutung für Demokratie und Gemeinwohl, wie sie sonst wohl nur der Meinungsfreiheit, Art. 5 Abs. 1 GG, zukommt. Herrschaft über die Daten von Bürgerinnen und Bürgern bedeutet politische Macht. Die Gefahren gehen heute allerdings weniger vom Staat als vielmehr von privaten, demokratisch kaum mehr kontrollierbaren Mega-Konzernen aus.[23]

Auch wenn Datenschutz grundsätzlich bejaht wird, steht die eigene Lebenspraxis dazu doch oft in erheblichem Widerspruch. Ein Stichwort ist das sogenannte „Privacy-Paradox" – einerseits fordern wir Datenschutz, andererseits gehen wir mit unseren Daten selbst oft extrem sorglos um.[24] Ein weiteres, kaum thematisiertes Problem sind Aktivisten, die sich einem absoluten Datenschutz verschrieben haben und echte oder vermeintliche Verstöße gegen „den Datenschutz" erbittert verfolgen. Gelegentlich geht dies so weit, dass der Verdacht entsteht, es handele sich um bewusst karikierende Übertreibungen, um den Datenschutz in der öffentlichen Meinung zu beschädigen.[25] Häufig wird dabei verkannt, dass datenschutzrechtliche Vorgaben (fast) stets auch Ausnahmen kennen und der Abwägung zugänglich sind. Man könnte von einem fehlgeleiteten „Datenschutzabsolutismus" sprechen, der vor allem in der Pandemie eine teilweise überaus problematische Rolle spielte.

Datenschutz ist, um es noch einmal zu betonen, Grundrechtsschutz. Damit ist ein Datenschutzabsolutismus von vornherein nicht vereinbar. Für das Datenschutzrecht gilt vielmehr wie überall im Recht der Verhältnismäßigkeitsgrundsatz, der besagt, dass Rechte, auch Grundrechte, eingeschränkt werden können, wenn ein legitimes Ziel verfolgt, und die einschränkenden Maßnahmen zur Verfolgung des Zieles geeignet, erforderlich und außerdem angemessen sind. In der Corona-Pandemie scheint die im Verhältnismäßigkeitsgrundsatz begründete Flexibilität und Anpas-

---

22 Dazu etwa Hilgendorf, Ist ein Schutz der Privatsphäre noch zeitgemäß?, in: Rechtsstaatliches Strafrecht. FS für Ulfrid Neumann zum 70. Geburtstag, 2017, S. 1391 ff.

23 Bedrückend realitätsnah geschildert in Eggers, Every, 2021. Dass derartige Bedrohungen von vielen Datenschutzaktivisten in Deutschland praktisch ignoriert werden, ist besorgniserregend.

24 Dazu näher Müller, Verhindert das Privatheitsparadox modernen Datenschutz?, in: Mensch-Technik-Umwelt: Verantwortung für eine sozialverträgliche Zukunft. FS Roßnagel zum 70. Geburtstag, 2020, S. 525 ff.

25 Ein Beispiel ist die Debatte um die Klingelschilder und ihre Vereinbarkeit mit der DSGVO, dazu https://www.datenschutz.org/klingelschilder.

sungsfähigkeit des Datenschutzes von nicht wenigen Aktivisten und leider auch Politikern übersehen worden zu sein. Die Möglichkeiten, die die Datenschutz-Grundverordnung im Gesundheitsbereich bereithält, wurden vielerorts nicht gesehen oder sogar bewusst ignoriert.

Ein weiteres Problem liegt darin, dass der Unterschied zwischen personenbezogenen und nicht-personenbezogenen Daten mit dem technischen Fortschritt zunehmend problematisch geworden ist. Personenbezogen sind Daten auch dann, wenn sie zwar nicht unmittelbar, aber doch mit einem vertretbaren technischen Aufwand auf eine konkrete Person bezogen werden können. Mit dem technischen Fortschritt, der u.a. die Leistungsfähigkeit von Rechnern immer weiter erhöht, wird die Menge der Daten, die grundsätzlich mit einer bestimmten Person in Verbindung gebracht werden kann, fortwährend größer. Dies hängt auch damit zusammen, dass immer mehr Daten erhoben, gespeichert und daher auch miteinander verknüpft werden können, um bestimmte Personen zu identifizieren. Es erscheint deshalb denkbar, dass die Unterscheidung zwischen personenbezogenen und nicht personenbezogenen Daten in wenigen Jahren ganz oder zumindest teilweise obsolet werden könnte.[26] Immerhin dürfte es aber auch in der Zukunft noch Daten geben, bei denen der Personenbezug eindeutig fehlt, z.B. Wetterdaten.

Die neuen EU-Vorgaben, gerade der Data Act, lassen die skizzierten Probleme und Entwicklungen in einem besonders hellen Licht erscheinen. Einerseits strebt die EU eine zukunftsgerichtete Regulierung an, die die Verwertung von Daten zugunsten der Wirtschaft und des gemeinen Wohls erleichtern oder sogar erst ermöglichen soll. Andererseits droht gerade der Data Act den Datenschutz zu relativieren und im schlimmsten Falle auszuhöhlen. Es lohnt sich deshalb, den neuen Rechtsakt etwas näher zu betrachten.

5.4 Die neuen Rechtsakte der EU

Daten besitzen heutzutage nicht bloß mit Blick auf das Recht auf informationelle Selbstbestimmung Bedeutung, sondern haben auch einen (unter Umständen enormen) wirtschaftlichen Wert. Sie sind, so sagt man häufig, das Öl des 21. Jahrhunderts. Der Vergleich passt nicht ganz, denn anders

26 Hilgendorf, Automatisiertes Fahren und Recht, Gutachten für den 53. Deutscher Verkehrsgerichtstag, Köln 2015, S. 55 (65).

als Öl werden Daten durch ihre Verwendung nicht aufgebraucht (und erzeugen auch keine klimaschädlichen Emissionen), sondern stehen ganz im Gegenteil weiteren Verwendungsmöglichkeiten offen, auch und gerade für überragend wichtige Aufgabenstellungen allgemeinerer Art wie den Klimaschutz. Daten kommt deshalb eine ganz besondere Bedeutung auch und gerade für das Gemeinwohl zu. Der mit ihnen erwirtschaftete Wohlstand kann Arbeitsplätze sichern, hilft dabei, das Gesundheitssystem und den Sozialstaat zu finanzieren, und dient so indirekt dem Wohlergehen, der Gesundheit und der Verbesserung der Lebenschancen zahlloser Menschen.

Diese neue Bedeutung besitzen nicht bloß personenbezogene, sondern auch und vielleicht sogar gerade nicht personenbezogene Daten, etwa Daten, die in modernen Produktionsmaschinen oder in PKWs entstehen. Die Europäische Union versucht mit ihren neuen Rechtsakten, insbesondere dem Data Act, diesen wirtschaftlichen Wert zu heben, indem sie die Voraussetzungen einer europaweiten Datenökonomie, eines digitalen Binnenmarktes, zu definieren versucht. Dabei wird wie schon erwähnt durchaus auch eine Wirkung über die europäischen Grenzen hinaus angestrebt.[27] Die Zielsetzung des Entwurfs zu einem Europäischen „Datengesetz“ (Data Act) lässt sich am besten durch ein Beispiel verdeutlichen:

Anders als früher sind heute in einen PKW zahlreiche Sensoren verbaut, die gewaltige Datenmengen aufnehmen können. Solche Daten beziehen sich nicht bloß auf traditionelle Faktoren wie die Zahl der gefahrenen Kilometer oder die erreichte Höchstgeschwindigkeit, sondern können auch etwa die Belastung von Bremsen relativ zu gefahrenen Kilometern und zur gefahrenen Geschwindigkeit oder Besonderheiten der Fahrweise relativ zur befahrenen Strecke erfassen. Es liegt auf der Hand, dass etwa die Daten über die Belastung der Bremsen und ihre Abnutzung für die Hersteller von Bremsanlagen einen beträchtlichen ökonomischen Wert darstellen, ebenso für Unternehmen, die die Bremsen warten oder reparieren.

Wer darf über diese Daten verfügen? Juristische Laien sind oft der Meinung, mit dem Eigentum am Fahrzeug gehe auch das Eigentum an den darin erzeugten Daten einher. Diese Ansicht ist jedoch schon deshalb irrig, weil Daten mangels Körperlichkeit gar nicht eigentumsfähig sind. Ein Eigentum an Daten gibt es (noch?) nicht.[28] Es verstößt deshalb nicht gegen Rechte des Fahrzeugeigentümers, wenn der Hersteller etwa im Rahmen der

27 Zum „Brussels Effect“ siehe oben Fn. 18.

28 Umfassend Haustein, Möglichkeiten und Grenzen von Dateneigentum, 2021.

Wartung oder aber auch per Funk die angesprochenen technischen Daten abzieht und dafür verwendet, seine Produktion zu verbessern. Ähnliches ist heute Alltagspraxis. Allerdings wird man fragen dürfen, ob es in einer sozialen Marktwirtschaft nicht angemessen wäre, den Eigentümer des Fahrzeugs an der Wertschöpfung mit „seinen" Daten zu beteiligen. Diese Frage wurde von einem Teil des Schrifttums[29] so beantwortet, dass die Schaffung eines echten Dateneigentums gefordert wurde. Ein solches Eigentum an den Daten ließe sich dann etwa dem Fahrzeugkäufer zusprechen, der sodann mit dem Hersteller einen Vertrag über die Überlassung der Daten abschließen könnte.

Für einen solchen Lösungsansatz lässt sich anführen, dass im Strafrecht bereits seit den neunziger Jahren eine Zuordnung von Daten via Skripturakt[30] angenommen wird. Der Schritt zu einem echten „Dateneigentum" erscheint von daher nicht allzu fernliegend. Andererseits ist die Figur des Dateneigentums rechtsdogmatisch problematisch, da Eigentum nur für körperliche Gegenstände definiert ist. Hinzu kommt, dass die Möglichkeit eines Eigentums an Daten dazu führen könnte, dass finanzstarke Akteure große Datenmengen einfach aufkaufen und ausschließlich für ihre eigenen Zwecke verwenden. Es erscheint deshalb im Ergebnis überzeugend, dass die EU sich nicht für die Möglichkeit eines Dateneigentums entschieden hat.

Stattdessen hat sie ein neuartiges Modell entwickelt, welches zwar ein originäres Zugriffs- und Verwendungsrecht der Person anerkennt, durch deren Handeln die Daten entstehen, andererseits aber Maßnahmen vorsieht, um eine Monopolisierung dieser Daten zu verhindern. Der Hersteller eines Produkts wird verpflichtet, dem Nutzer des Produkts, also etwa dem Käufer und Fahrer eines Fahrzeugs, den Zugang zu den darin entstandenen Daten zu eröffnen. Dieser hat sodann die Möglichkeit, die Daten selber zu nutzen, mit anderen zu teilen oder Dritten zur Verfügung zu stellen. Gegenüber dem Nutzer muss dies unentgeltlich geschehen, die Übertragung an Dritte kann entgeltlich oder unentgeltlich erfolgen. Hat der Nutzer kein Interesse an den Daten, so verbleiben sie beim Dateninhaber (das ist i.d.R.

29 Dazu Haustein, Möglichkeiten und Grenzen von Dateneigentum (Fn. 28), S. 69 ff.

30 Kindhäuser/Hilgendorf, Strafgesetzbuch. Lehr- und Praxiskommentar Strafrecht, 9. Aufl. 2021, § 303a Rn. 3; zur Entwicklung im Kontext der Debatte um Dateneigentum Haustein (Fn. 28), S. 204 ff.

der Hersteller), der jedoch, wenn er sie verwenden will, eine vertragliche Vereinbarung, einen Datenlizenzvertrag,[31] mit dem Nutzer schließen muss.

Der neue Data Act möchte also einerseits Anreize zur Datenproduktion setzen, andererseits den Zugang zu Daten erleichtern. Für personenbezogene Daten wirft dies Probleme auf, weil diese Daten auch der DSGVO unterfallen. Immerhin wird das Problem von den Verfassern des Data Act durchaus gesehen. In Art. 1 Abs. 3 heißt es:

> „Diese Verordnung berührt nicht die Anwendbarkeit der Rechtsvorschriften der Union über den Schutz personenbezogener Daten, insbesondere der Verordnung (EU) 2016/679 und der Richtlinie 2002/58/EG, sowie die Befugnisse und Zuständigkeiten der Aufsichtsbehörden. Soweit die in Kapitel II dieser Verordnung festgelegten Rechte betroffen sind und es sich bei den Nutzern um von der Verarbeitung personenbezogener Daten betroffene Personen handelt, die den Rechten und Pflichten des genannten Kapitels unterliegen, ergänzen die Bestimmungen dieser Verordnung das Recht auf Datenübertragbarkeit nach Artikel 20 der Verordnung(EU) 2016/679".

Doch was soll es bedeuten, dass die Vorgaben der DSVGO durch den Data Act „nicht berührt" werden? Wie ist es gemeint, wenn ausgeführt wird, Art. 20 der DSGVO, der die Übertragung personenbezogener Daten regelt, werde durch das neue Datengesetz „ergänzt"? Um auf unser Pkw-Beispiel zurückzukommen: Im Wagen werden von eingebauten Sensoren Daten über die Nutzung der Bremsen, die gefahrene Strecke, das gefahrene Tempo und den Abrieb der Bremsbeläge aufgenommen und gespeichert. Das sind Informationen, die ein Herstellerunternehmen benötigt. Die Daten lassen sich aber mit hinreichendem Aufwand (z.B. über die Fahrgestellnummer bzw. Fahrzeugidentifikationsnummer) einem Halter zuordnen, über den dann wiederum der Fahrer identifiziert werden kann.[32] Man kann also mit guten Argumenten vertreten, dass es sich um personenbezogene, weil jedenfalls mit leistbarem Aufwand personenbeziehbare Informationen handelt.

Was folgt daraus für die Anwendbarkeit des Data Act einerseits und der DSGVO andererseits? Hier und auch an anderen Stellen kommt es offenbar

31 Hennemann/Steinrötter, NJW 2022, S. 1483.

32 Eingehend Roßnagel, Wem gehören die Daten im Fahrzeug? Gutachten für den 42. Deutschen Verkehrsgerichtstag, Köln 2014, S. 257 – 284.

zu *Regelungskollisionen*, die im Data Act nicht überzeugend aufgelöst werden.[33]

5.5 Lösungsansätze

Welche Lösungsansätze bieten sich an? Zu denken wäre zuallererst an den Grundsatz, dass das ranghöhere Gesetz dem rangniedrigeren vorgeht. Im Verhältnis von Datenschutz-Grundverordnung und Data Act hilft dieser Grundsatz aber nicht weiter, da auch der Data Act als EU-Verordnung erlassen werden soll, so dass es sich um gleichrangige Regelungsakte handelt.

In Frage kommt weiter der alte Grundsatz, dass das neuere Gesetz das ältere verdrängt (lex posterior derogat legi priori). Dies würde bedeuten, dass die neuen Regelungen des Data Act und der anderen EU-Digitalgesetze den damit kollidierenden Bestimmungen der Datenschutz-Grundverordnung vorgehen. Gerade angesichts der Ausdeutbarkeit vieler neuer Bestimmungen – viele davon befinden sich allerdings noch im Entwurfsstadium – und der jedenfalls bislang mangelnden wissenschaftlichen Durchdringung des neuen EU-Datenwirtschaftsrechts würde dies allerdings bedeuten, dass die Datenschutz-Grundverordnung in vielfacher und gar nicht näher abgrenzbarer Hinsicht durchlöchert und in ihrer Gesamtwirkung erheblich beeinträchtigt würde. Es spricht nichts dafür, dass der Europäische Gesetzgeber Derartiges intendiert hätte.

Unergiebig ist auch eine dritte Möglichkeit, zwischen Datenschutz-Grundverordnung und Data Act zu vermitteln, nämlich die Anwendung der Regel, dass das speziellere Gesetz das allgemeinere verdrängt: lex specialis derogat legi generali. Beide Regelungsakte betreffen unterschiedliche Materien, sind also jeweils mit Blick auf den von ihnen geregelten Fragenkomplex „spezieller“. Es ist deshalb unklar, welchem Gesetz nach dieser Kollisionsregel der Vorrang gebühren sollte.

Ein erster Durchgang durch die klassischen Regeln für eine Normenkollision führt also nicht zu einem befriedigenden Ergebnis. Im Data Act heißt es, wie eben zitiert, die Datenschutz-Grundverordnung werde durch die neue Regelung „nicht berührt“. Wörtlich genommen ist dies unzutreffend oder zumindest wenig aussagekräftig, zumal die klassischen Vorrangregeln wie eben dargelegt nicht weiterhelfen. Man wird die Klausel aber zumindest als Aufforderung an die Rechtswissenschaft und die Rechtsprechung

33 So jetzt auch Richter, MMR 2023, 163 (164 ff.); Steinrötter, GRUR 2023, 216 (218 ff.).

deuten können, eine Harmonisierung zwischen beiden Regelungswerken herzustellen.

Man könnte daran denken, angelehnt an eine Formulierung im Data Governance Act,[34] dem Datenschutz in allen Kollisionsfällen Vorrang einzuräumen. Eine solcher Ansatz könnte allerdings dazu führen, dass sich das Rechtsregime für den Umgang mit personenbezogenen Daten im Kontext des Datenhandels grundlegend von dem für den Umgang mit nicht-personenbezogenen Daten unterscheiden würde, was sich bis hin zur Zuständigkeit der jeweiligen Aufsichtsbehörden auswirken würde. Rein faktisch lassen sich entsprechende Datensätze meist wohl nicht sauber auseinanderhalten, wie das Beispiel mit den Fahrzeugdaten zeigt. Das Ergebnis wäre ein bürokratisches Monster, das weder dem Bedürfnis nach Datenhandel noch der Notwendigkeit des Datenschutzes gerecht würde.

Hinzu kommt, wie bereits angesprochen, dass die Abgrenzung zwischen personenbezogenen und nicht-personenbezogen Daten unscharf geworden ist und durch die rasante technische Entwicklung immer unschärfer wird. Der potentielle Geltungsbereich der Datenschutz-Grundverordnung erweitert sich damit mehr und mehr, was den Datenschutz nicht verbessert, sondern schwächt, weil die Inflationierung des Datenschutzes Rechtsunsicherheit und unnötige Bürokratisierung erzeugt und so die bereits heute erheblichen Akzeptanzprobleme noch deutlich verschärfen könnte.

Meines Erachtens führt deshalb kein Weg daran vorbei, im Umgang mit unseren Daten einen grundlegenden Neuanfang anzustreben. Angesichts der neuen EU-Vorstöße bedarf das Verhältnis von Datenschutz und Daten-

---

34 Im Data Governance Act (Verordnung (EU) 2022/868, veröffentlicht am 3. Juni 2022) ist in Art. 1 Abs. 3 eine Klarstellung in den Sätzen 3 und 4 zu finden. Hier hat im Kollisionsfall das Datenschutzrecht Vorrang (S. 3), daneben schafft der Data Governance Act keine Rechtsgrundlage für die Verarbeitung personenbezogener Daten (S. 4). Von Seiten des Rates gibt es im Gesetzgebungsverfahren zum Data Act bislang keine öffentlichen Dokumente, die einen vergleichbaren Vorrang vorschlagen. Allerdings existiert in einem Dokument, (COM (2022)0068 – C9-0051/2022 – 2022/0047 (COD) vom 14. März 2023) des Parlaments, in erster Lesung, ein Art. 1 Abs. 3 Data Act, der klarstellt, dass der Data Act keine Rechtsgrundlage im Sinn des Datenschutzrechts schafft und im Falle eines Widerspruchs die Datenschutzrechtsakte vorgehen. Am Ende des Art. 1 Abs. 3 folgt sogar noch die Klarstellung, dass keine Bestimmung der Verordnung so angewandt oder ausgelegt werden darf, dass das Recht auf Schutz personenbezogener Daten, das Recht auf Privatsphäre und Vertraulichkeit der Kommunikation geschwächt oder eingeschränkt wird. Der Art. 1 Abs. 3 des Parlamentsdokuments ist insoweit also noch ausführlicher als die Regelung im DGA.

handel einer reflektierten Neujustierung, die bislang noch nicht in ausreichendem Maß geleistet wurde.[35] Das hohe Tempo, mit dem die EU ihre neuen Digitalgesetze vorantreibt, ist deshalb problematisch. Mir erscheint eine Art Moratorium sinnvoll, um die aufgezeigten Spannungen zumindest umfassend zu beschreiben und theoretisch zu erfassen.[36]

Bis dahin sollte der Data Act, ebenso wie der Data Governance Act und die anderen neuen EU-Digitalgesetze, sofern sie schon in Geltung gelangen, im Lichte der Datenschutz-Grundverordnung ausgelegt werden. Wo möglich, sollten auch noch Änderungen im Wortlaut angebracht werden, um Widersprüche zwischen den Rechtsakten zu vermeiden. Ausgangspunkt für eine Harmonisierung von Datenschutz und gemeinwohlorientiertem Datengebrauch muss der Blick auf die grundrechtlichen Vorgaben des Umgangs mit Daten sein, die durch den Data Act nicht verändert wurden. Sowohl die europäische Grundrechte-Charta (Art. 8) als auch das deutsche Grundgesetz (Art. 2 Abs. 1 in Verbindung mit Art. 1 Abs. 1) schreiben den Datenschutz als Grundrecht fest. Aber auch das Eigentum (Art. 14 GG) und die unternehmerische Freiheit (Art. 12 GG), ebenso das Interesse an einem wirksamen Gesundheitsschutz (Art. 2 Abs. 2 Satz 1 GG), genießen Grundrechtsschutz. Dies legt eine Abwägung im Einzelfall nahe. Sind erst einmal hinreichend viele Fälle diskutiert und gelöst worden, so wird es möglich, Fallgruppen zu bilden und mittels der Kasuistik rechtsstaatliche Regeln zu formulieren. Dabei kann durchaus auch auf der Grundlage fiktiver Problemfälle gearbeitet werden, um Zeit zu sparen und den Ausgleich zwischen Datenschutz und Datennutzung zügig voranzutreiben.

Nicht ausgeschlossen erscheint auch eine Änderung der Datenschutz-Grundverordnung, um unproblematische und gemeinwohlbezogene Formen des Verfügbarmachens von Daten zu erlauben. Es wird in der Öffentlichkeit nicht immer beachtet, dass die Datenschutz-Grundverordnung bereits heute eine Vielzahl von gut durchdachten Ausnahmetatbeständen enthält, die einen gemeinwohlorientierten Umgang mit Daten möglich machen. So erlaubt Art. 6 DSGVO neben der Verarbeitung für lebenswichtige Interessen oder Aufgaben im öffentlichen Interesse (Abs. 1) sogar die

35 S. jetzt aber von Lewinski/Rüpke/Eckhardt, Datenschutzrecht. Grundlagen und europarechtliche Neugestaltung, 2022, ferner Pertot (Hrsg.), Rechte an Daten, 2020; Stiftung Datenschutz (Hrsg.), Dateneigentum und Datenhandel, 2019.

36 Dass ein solcher Ratschlag unmittelbar Wirkung zeigt, ist nicht zu erwarten. Vielleicht kann er aber dazu beitragen, zumindest zukünftige gesetzgeberische Aktivitäten der EU zu beeinflussen. Als Rechtswissenschaftler lernt man, im Hinblick auf Gehör im Gesetzgebungsprozess keine allzu großen Erwartungen zu hegen.

Weiterverarbeitung von Daten zu anderen Zwecken als denen, für die sie ursprünglich erhoben wurden (Abs. 4). Allerdings müssen die Zwecke miteinander vereinbar sein. Ein weiterer Ansatz könnte sein, auf eine Einwilligung oder, in unserem Zusammenhang noch wichtiger, mutmaßliche Einwilligung des Betroffenen abzustellen. Auch die ursprünglich im Zivilrecht entwickelte, inzwischen aber auch im Strafrecht verwendete Figur der hypothetischen Einwilligung[37] könnte mutatis mutandis ins Spiel gebracht werden.

Allerdings gibt es Grenzen. Das Recht auf informationelle Selbstbestimmung ergibt sich wie ausgeführt aus Art. 2 Abs. 1 in Verbindung mit Art.12 Abs. 1 Grundgesetz. Es ist deshalb naheliegend, einen Kernbereich des Rechts auf informationelle Selbstbestimmung sogar direkt in der Menschenwürde, Art. 1 Abs. 1, zu verorten, was bedeuten würde, dass dieser Bereich nicht gesetzlich einschränkbar ist. Ein solcher Kernbereich wäre nach umstrittener, m.E. aber zutreffender Ansicht nicht einmal für den Grundrechtsträger selbst verfügbar, was bedeutet, dass hier Grenzen der Selbstbestimmung erreicht sind.[38] Auch ein konsentierter Handel mit entsprechenden Daten wäre dann ausgeschlossen. Die damit angedeuteten Fragen bedürfen allerdings einer eingehenderen Analyse, als sie hier geleistet werden kann.

5.6 Fazit

Damit komme ich zu meinem Fazit: Der Data Act und die anderen EU-Digitalgesetze weisen in die richtige Richtung. Das hohe Tempo, dass der EU-Gesetzgeber eingeschlagen hat, führt jedoch dazu, dass die Entwürfe nicht immer hinreichend untereinander und in Bezug auf ältere Regelungen abgestimmt sind. Gerade das Verhältnis des neuen Data Act zur Datenschutz-Grundverordnung wirft viele Fragen auf. Bis sie gelöst sind, ist von einem Vorrang des Datenschutzes auszugehen. Darüber hinaus sollte jedoch über sprachliche Klärungen und Ergänzungen im Entwurf des Data Acts, vielleicht aber auch in der Datenschutz-Grundverordnung

37 Kindhäuser/Hilgendorf, Strafgesetzbuch. Lehr- und Praxiskommentar (Fn. 30), Vor §§ 32 – 35, Rn. 63 ff.

38 Zu diesem sehr umstrittenen Thema (am Beispiel der Selbstbestimmung über den eigenen Tod) Hilgendorf, Rettungsweg: Menschenwürdiges Sterben, in: Gröschner/Kirste/Lembcke (Hrsg.), Wege der Würde, 2022, S. 191 – 217 (210 ff.).

nachgedacht werden, um dazu beizutragen, die Vision einer gemeinwohlorientierten Datenwirtschaft bald Wirklichkeit werden zu lassen.

Diskussion

Prof. Dr. Alexander Roßnagel, Hessischer Beauftragter für Datenschutz und Informationsfreiheit
Vielen Dank, Herr Hilgendorf. – Ich denke, der Vortrag bietet genug Anregungen zur Diskussion. Wer möchte beginnen?

Ingo Walther, Vitos Rheingau gGmbH
Ich vertrete den Gesundheitssektor, bin Datenschützer für einen Klinikverbund. Erst einmal vielen Dank für den interessanten Vortrag. Ich habe gerade verstanden, dass sich meine Rolle als Datenschutzbeauftragter in den nächsten Jahren komplett wandeln wird. Ich bin einer der Nichtjuristen. Ich bin IT-Mensch und habe daher vielleicht ein bisschen einen beschränkten Blick auf meine Arbeit, die ich bis jetzt hauptsächlich durch die Datenschutz-Grundverordnung und alle anderen angrenzenden oder mich tangierenden Gesetze definiert habe, wie das Krankenhausgesetz, das Landesdatenschutzgesetz oder das Bundesdatenschutzgesetz, BGB, StGB usw.

Jetzt sehe ich, dass es sehr viele andere Regelungen gibt, die irgendwie Schnittstellen zur Interpretation mit personenbezogenen Daten haben. Ich frage mich: Kann das in einer Rolle, wie sie heute definiert ist, überhaupt noch geleistet werden? Muss es nicht vielleicht statt eines Datenschutzbeauftragten in Zukunft Datenbeauftragte geben, die den Überblick über die Gesetzgebung haben? Ich würde mich, ehrlich gesagt, überfordert fühlen, müsste ich auf alle diese Aspekte, die Sie jetzt nur am Rande eingebracht haben, eingehen.

Dr. Thilo Weichert, Netzwerk Datenschutzexpertise
Herzlichen Dank für diesen Vortrag, den ich hoch spannend fand. Ich hätte Tausende Fragen dazu, die ich jetzt aber nicht stellen werde, sondern ich versuche, mich auf zwei oder drei Fragen zu konzentrieren.

Zunächst einmal war für mich sehr verblüffend, dass Sie von den Säulen der EU-Digitalstrategie gesprochen haben und dann nicht von Datennutzung, sondern von Datenhandel. Offensichtlich scheint der Handel eine größere Rolle zu spielen als die Nutzung insgesamt. Sie sind ja ein Insider.

Sie können vielleicht eher sagen, welchen Schwerpunkt die gemeinwohlorientierte Nutzung, die Sie jetzt in den Vordergrund gestellt haben, und die kommerzielle Nutzung, die auch mit dem Begriff des Dateneigentums abgedeckt werden könnte, haben.

In dem Zusammenhang würde mich insbesondere wieder der Medizinbereich interessieren. Da gibt es nicht nur einen Data Act, sondern da gibt es auch den Health Data Space, der reguliert ist. Verstehe ich es richtig, dass Health Data Space eine spezifische Regelung zum Data Act sein soll, oder wie stehen die im Verhältnis zueinander?

Zu dem, was sich daran auf deutscher Ebene anschließt, haben wir zumindest im Koalitionsvertrag, nicht auf europäischer Ebene, immer noch den Vorschlag eines Forschungsdatengesetzes. Ein Data Act ist definitiv nicht nur auf Forschungszwecke, sondern insbesondere auch auf kommerzielle Zwecke ausgerichtet. Es wäre doch für die EU erheblich einfacher, zunächst einmal kleinere Brötchen zu backen und einen Research Act, einen Research Data Act oder so etwas als Vorstufe zu machen, um dann das erheblich größere, auch sehr schwierig zu regulierende Problem der kommerziellen Nutzung anzugehen. Gibt es irgendwelche Tendenzen in der EU, anstelle dieses Data Acts eine abgespeckte Version nur für die Forschung zu machen?

Christoph Reich, LL.M., Rechtsanwalt
Sie haben die Probleme, die auf uns zukommen, benannt und sehr gut herausgearbeitet, z. B. in Bezug auf Maschinendaten, personenbezogene Daten, das Verhältnis zu einzelnen Rechtsakten, die kommen werden. Das haben Sie auf den Data Act konzentriert. Es kommen noch ein paar andere Akte hinzu, wie Sie auch erwähnt hatten. Sie haben erklärt, wir bekämen Probleme, und haben versucht, die auch zu lösen, zumindest mit dem juristischen Handwerkszeug.

Was aber noch viele Fragen aufwirft, ist eine konkrete Lösung. Würden Sie die Lösung darin sehen, dass wir den Data Act komplett ändern müssen? Würden Sie sagen, dass wir einfach neue Auslegungskriterien herausfinden müssen, oder wo sehen Sie die Lösung? Mit anderen Worten: Wenn wir den Gesetzgebungsprozess betrachten, dann wissen wir nicht, wie viel sich noch ändert. Da bin ich immer sehr skeptisch. Wie können wir denn, wenn wir mal hypothetisch annehmen, es würde so ähnlich kommen, vielleicht damit umgehen? Ich frage nach einem ganz konkreten Vorschlag.

Prof. Dr. Dr. Eric Hilgendorf, Universität Würzburg
Die erste Frage bezog sich auf die Rolle von Datenschutzbeauftragten und die Gefahr, sehr viel dazulernen zu müssen. Ich glaube, dass das in der Tat so ist, weil sich der tradierte Datenschutz heute zu einem allgemeinen Datenrecht wandelt, und zwar getrieben von EU-Rechtsakten. Das bedeutet erhebliche Veränderungen, die für viele nicht leicht zu bewältigen sein werden..

Einer der Vorteile des Datenschutzes war ja, dass der Datenschutz schon sehr lange dogmatisch durchdrungen ist und „heruntergebrochen" wurde bis hin zu Checklisten, die man in Unternehmen einsetzen konnte, mit der Folge, dass nicht nur akademisch ausgebildete Juristen mit dem Datenschutz argumentieren können, sondern auch der normale Betriebsbeauftragte damit sinnvoll umgehen kann. Das brachte erhebliche rechtsstaatliche Vorteile und hat den Datenschutz in beträchtlicher Weise gefördert.

Das ist jetzt erst mal nicht mehr möglich. Jetzt haben wir zwei kollidierende Rechtsakte. Die neuen Regularien sind noch gar nicht hinreichend argumentativ durchdrungen. Deswegen habe ich eben für ein Moratorium plädiert, um zumindest die Grundlagen zu klären, um sicherzustellen, dass der Datenschutz nicht ausgehebelt wird.

Problematisch wäre schon die Situation, dass es sehr viele Prozesse zur Geltung des einen oder des anderen gibt oder dass sich Aufsichtsbehörden streiten und die einen sagen: „Wir sind zuständig", während die anderen erklären: „Wir sind zuständig".

Ich kann das nur konstatieren. Ich bin selbst überrascht über das Tempo. Es könnte damit zusammenhängen, dass die Kommission nicht möchte, dass Großkonzerne einfach weiterhin vollendete Tatsachen schaffen. Man will diesen neuen Entwicklungen rechtzeitig Schranken setzen , die die Konzerne einhegen, um sie datenschutzkonform, aber auch gemeinwohlkonform arbeiten zu lassen.

Zu der ersten Frage von Herrn Weichert nach Datennutzung, Datenhandel: Im Entwurf des Data Acts ist immer von Nutzern, Nutzung usw. die Rede. Ich habe mich in den juristischen Partien daran orientiert, aber faktisch geht es wohl vor allem um Handel, meines Erachtens nicht zuletzt deswegen, weil der Einzelnutzer eines vernetzten Produkts in der Regel mit den Daten, die er bekommt oder die er herausverlangen kann, überhaupt nichts anfangen kann. .

Beim Health Data Space geht es um einen Sonderfall des Datenhandels , eine Aufgabenstellung, die nach den Erfahrungen der Corona-Pandemie vorangetrieben wird. Der Gesundheitsdatenschutz ist der Bereich im traditionellen Datenschutz, der besonders unter Druck geraten ist. Man will erreichen, dass medizinische Daten gemeinwohlkonform weitergegeben und gehandelt werden. Aber der Data Act enthält das Modell, das hinter alldem steht. Der Data Act ist erst vor Kurzem so bekannt geworden, über Health Data Space wird schon länger diskutiert.

Sie hatten gesagt, der Data Act sei nicht primär auf die Forschung hin orientiert, sondern allgemein kommerziell . Genau so ist es. Es geht es nicht primär um Forschungsdaten, deswegen habe ich auch nicht über Forschungsdaten gesprochen, sondern es geht allgemein um Daten. Traditionell werden personenbezogene und nicht personenbezogene Daten unterschieden. Aber in den neuen Regelungen ist meist nur von „Daten" die Rede. Gerade der Data Act gilt grundsätzlich für alle Daten und führt sie dem Datenhandel zu. Forschungsdaten sind davon auch umfasst; es handelt sich um eine besonders wichtige Kategorie von Daten, die man handeln kann, weil man mit Forschungsdaten z.B. auch Fahrzeuge verbessern kann, Gesundheitsapplikationen optimieren kann usw.

Die dritte Frage zielt auf eine konkrete Lösung all dieser Probleme ab. Eine solche Lösung hätte ich Ihnen heute gerne vorgestellt, sie scheint mir aber noch in weiter Ferne zu liegen. Es ist immerhin vielleicht im Ansatz gelungen, einige wichtige Probleme zu identifizieren, ein gewisses Problembewusstsein zu schaffen, und deutlich zu machen, dass wir es mit einermöglicherweise für den Datenschutz und damit für das Gemeinwohl gefährlichen Entwicklung zu tun haben. Als konkrete Lösung habe ich kurzfristig ein Moratorium angeregt. Man sollte versuchen, ein allzu schnelles In-Geltung-Setzen dieser EU-Akte zu verhindern. Bei der KI-Verordnung verhält es sich übrigens ähnlich. Auch bei ihr handelt es sich um eine sehr umfassende Regulierung, die offenbar fast auf sämtliche Softwaretypen Anwendung finden kann. problematisch. Auch hier wäre ein Moratorium meines Erachtens sinnvoll.

Der nächste Schritt sollte sein, Spannungsfelder konkret zu benennen, zur Diskussion zu bringen und dann entsprechende Änderungen oder Klarstellungen in beiden Gesetzeswerken anzumahnen. In der Datenschutz-Grundverordnung gibt es ja schon verschiedenene Abwägungsklauseln, , die helfen können,konkrete Anwendungen einer Abwägung zuzuführen. So etwas könnte auch eine Lösung für den Handel mit Daten sein. Aber man muss sicherstellen, dass immer dann, wenn erhebliches Interesse am Schutz von personenbezogenen Daten besteht, diese nicht ohne Weiteres für den Handel bereitgestellt werden können.

Hinzukommen muss, glaube ich, auch ein Bewusstmachen der Probleme in der breiteren Bevölkerung. Schon heute hat der Datenschutz teilweise einen schweren Stand. Von den anderen Rednerinnen und Rednern wurden bereits Beispiele genannt, etwa aus dem medizinischen Bereich, wo heute gelegentlich Datenschutz für Todesfällen verantwortlich gemacht wird. Der neue Data Act birgt das Potenzial, dass noch sehr viel mehr ungerechtfertigte Kritik laut wird. Man sollte vielleicht die Öffentlichkeit über den Sinn von Datenschutz besser informieren und stärker mobilisieren, vielleicht sogar, wenn Sie mir diesen Ausdruck erlauben, , Marketingmaßnahmen zugunsten von Datenschutz praktisch in die Wege leiten. Wir sollten offensiv für die Sinnhaftigkeit von Datenschutz werben, und die Gefahren, die mit einem zu lockeren Umgang mit personenbezogenen Daten einhergehen, klar benennen. Dann kann es gelingen, sowohl den Data Act als auch die KI-Verordnung und auch die Datenschutz-Grundverordnung vernünftig zu gestalten und zu interpretieren. Es handelt sich freilich um einen lange und schwierige gesellschaftspolitischen Prozess.

Prof. Dr. Alexander Roßnagel, Hessischer Beauftragter für Datenschutz und Informationsfreiheit
Mit Blick auf die Uhr würde ich gern zum nächsten Vortrag übergehen. – Herr Hilgendorf, vielen Dank für den Vortrag und die Diskussion.

Faktenbasierte Forschung ist heute nicht mehr ohne Informationssysteme möglich. Daher bestimmen die Informatik und/oder die informatische Forschung mit, welche Forschungsmethoden angewendet werden können, und sie bestimmen auch mit, welche datenschutzgerechte Gestaltung von Forschungsprozessen möglich ist.

Deswegen bin ich sehr froh, dass wir Herrn Prof. Dr. Hannes Federrath, der an der Universität Hamburg das Fachgebiet Sicherheit in verteilten Systemen im Fachbereich Informatik leitet, gewinnen konnten, uns über datenschutzwahrende Methoden der Forschungsdatenverarbeitung zu berichten. Herr Federrath war von 2018 bis 2021, also vier Jahre lang, Präsident der Gesellschaft für Informatik.

6 Datenschutzwahrende Methoden der Forschungsdatenverarbeitung

Prof. Dr. Hannes Federrath, Universität Hamburg

6.1 Verarbeitung für Forschungszwecke

Datengetriebene Forschung (Data Science), Künstliche Intelligenz (Artificial Intelligence, AI) und Maschinelles Lernen (Machine Learning, ML) nutzen große Datenmengen (Big Data) zur Ableitung neuer Erkenntnisse aus den verfügbaren Rohdaten. In Anwendungsbereiche wie autonomes Fahren, digitale Bild- und Texterzeugung (Generative AI), beispielsweise DALL-E2 oder ChatGPT der Firma OpenAI (https://openai.com), fließen riesige Datenmengen ein, die größtenteils aus öffentlichen Quellen stammen und heute zumeist bereits über gewöhnliche Suchmaschinen erschlossen sind.

Zugleich bleibt ein vermutlich ebenso großer Datenschatz aus Daten, die sich in privaten wie öffentlichen Händen befinden und meist bereichsspezifisch sind, allein deswegen für nutzbringende Anwendungen unerschlossen, weil der breiten Nutzung rechtliche (insbesondere datenschutzrechtliche) aber auch technische Hürden entgegenstehen. Die geeignete technische Aufbereitung und Bereinigung der Rohdaten ist dabei ein wichtiger Verarbeitungsschritt, in dem durch Anwendung datenschutzwahrender Methoden die Zugänglichkeit der Daten für die Forschung ermöglicht werden kann.

Zugänglichkeit der Daten für Forschungszwecke kann bedeuten, dass die Daten zunächst innerhalb der Organisation verbleiben und dort nutzbar gemacht werden. In vielen Fällen ist insbesondere diese lokale Datenverarbeitung und Nutzbarmachung zu Forschungszwecken relativ unproblematisch, da eine dauerhafte Speicherung der Daten hierfür nicht unbedingt erforderlich sein muss.

Die Abb. 1 zeigt den Prozess der Aufbereitung und Bereitstellung von Forschungsdaten.

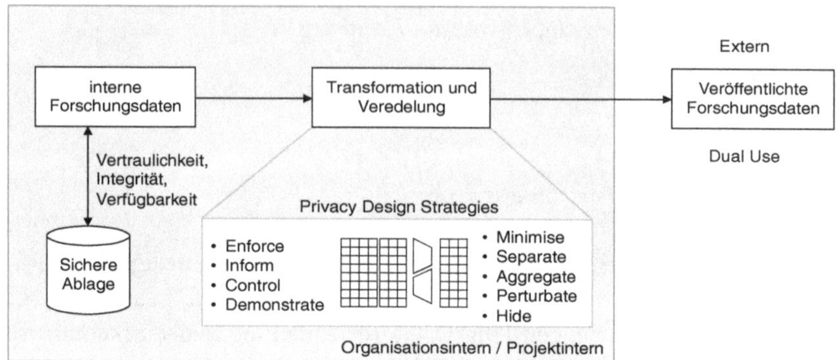

Prozess der Aufbereitung und Bereitstellung von Forschungsdaten

Gelegentlich wird die Nutzbarmachung für Forschungszwecke auch als „Veredelung" bezeichnet, vor allem wenn es darum geht, Daten auch kommerziell zu verwerten. Dies geschieht ggf. auch durch Weitergabe der Daten an externe Partner oder durch Veröffentlichung der Daten in Forschungsdatenbanken (Open Data), wie sie etwa von den durch die Deutsche Forschungsgemeinschaft (DFG) geförderten Projekten der Nationalen Forschungsdateninfrastruktur (NFDI) beabsichtigt ist.

Langfristig geht es hier also um die Archivierung in Forschungsdatenbanken und Forschungsregistern, wobei zum Zeitpunkt des Aufbaus der Forschungsdatenbank noch gar nicht bekannt sein muss, für welche konkreten Forschungszwecke die Daten später verwendet werden sollen.

Gerade im Zusammenhang mit *Dual use* kann eine solche Zweckerweiterung allerdings schädlich sein, etwa im Sinne von Anwendungen, die nicht notwendigerweise zum Wohle und zum Nutzen der Menschen sind.

Forschungsdatenmanagement wirft somit neben den technischen und datenschutzrechlichen auch ethische Fragen auf. Hinzu können strafrechtliche und urheberrechtliche Aspekte kommen, wenn etwa Daten rechtswidrig veröffentlicht wurden.

Insbesondere mit Blick auf die Bereitschaft der betroffenen Personen, ihre Daten auch für Forschungszwecke *freiwillig* zur Verfügung zu stellen, wäre es wünschenswert, wenn die betroffenen Personen im Sinne des informationellen Selbstbestimmungsrechts zumindest angeben könnten, für welche konkreten Forschungszwecke ihre persönlichen Daten verwendet werden dürfen und ob die Daten etwa nur zu selbstlosen, nicht kommerziellen Zwecken oder auch für Anwendungen mit Gewinnerzielungsabsicht verwendet werden dürfen. Bestenfalls wäre die Einhaltung auch für die betroffenen Personen selbst überprüfbar.

6.2 Schutzziele der IT-Sicherheit

Im Folgenden wird davon ausgegangen, dass es sich bei den innerhalb einer Organisation lokal gespeicherten Rohdaten (auch) um Daten mit Personenbezug handelt.

Sowohl bei der internen als auch bei der externen Nutzbarmachung von Rohdaten für Forschungszwecke (siehe Abb. 1) sind Techniken der Anonymisierung und der Pseudonymisierung entscheidend, insbesondere wenn die Daten als Open Data weltweit und öffentlich zur Verfügung gestellt werden. Selbstverständlich sollten die bereitgestellten Daten auch unverändert sein. Zudem sollte die Herkunft der Daten bekannt sein.

Die Ableitung von Schutzmaßnahmen aus Bedrohungen, Schutzzielen und Verwundbarkeiten von Schutzobjekten (Assets, hier: Forschungsdaten) sowie das Ergreifen von präventiven, detektiven und reaktiven Schutzmaßnahmen – im Rahmen des Sicherheitsmanagements allgemein – ist in Abb. 2 dargestellt.

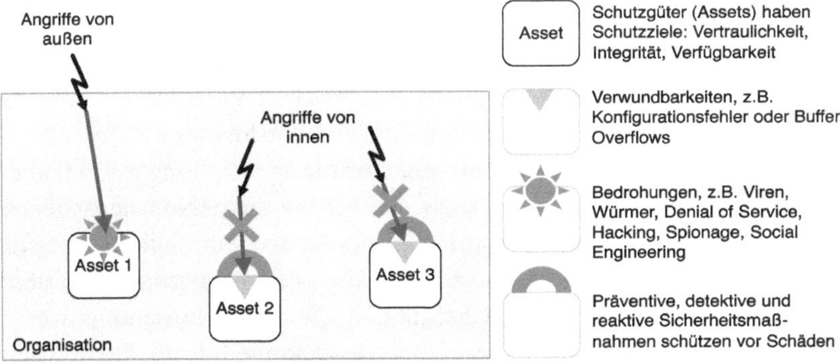

Abb. 2: Ableitung von Schutzmaßnahmen aus Bedrohungen, Schutzzielen und Verwundbarkeiten von Assets nach Nowey (2011) S. 19

Insoweit unterscheidet sich zunächst das Forschungsdatenmanagement nicht wesentlich von den Schutzanforderungen, wie sie an heute weit verbreitete Datenverarbeitungssysteme (sowohl organisationsintern als auch im Internet) gestellt werden. Hierzu zählen etwa bei der Verarbeitung von personenbezogenen Daten strikte Transparenzgebote und wirksame Informationspflichten, wie sie in Artikel 5 Absatz 1 und etwa in den Artikeln 13 und 14 DSGVO vorgesehen sind.

Hinzu kommen die Anforderungen der Artikel 25 und 32 DSGVO, die Mindeststandards zur Datensicherheit im Rahmen von technischen und organisatorischen Maßnahmen (TOM) vorschreiben. Dementsprechend sind die Daten vor unberechtigter Kenntnisnahme (Schutzziel der Vertraulichkeit), vor Verfälschungen (Schutzziel der Integrität) und vor Datenverlust (Schutzziel der Verfügbarkeit) zu schützen.

6.3 Rechtmäßigkeit und Zweckbindung

Die Aufbereitung von Forschungsdaten und Anreicherung mit Metadaten zur geeigneten Feststellung und Einordnung von Datenherkunft, Datenqualität und rechtmäßigen Nachnutzbarkeit orientiert sich nach Wilkinson et al. (2015) heute typischerweise an den sog. FAIR-Prinzipien Findability, Accessibility, Interoperability, Reuse.

Ziel ist es dabei in der Regel, Daten im Rahmen der rechtlichen und technischen Möglichkeiten sowohl für bekannte als auch für neue Zwecke nutzbar zu machen. Insbesondere bei personenbeziehbaren Daten, die typischerweise im Rahmen eines konkreten Zwecks erhoben und verarbeitet wurden, stellt sich selbstverständlich die Frage, ob und ggf. wie eine Weiterverwendung der Daten für Forschungszwecke rechtmäßig erfolgen kann.

Dies scheint angesichts der im Artikel 5 Absatz 1 Buchstabe b DSGVO geforderten Zweckbindung zunächst schwierig, jedoch weist der Erwägungsgrund 50 ausdrücklich darauf hin, dass die Verarbeitung personenbezogener Daten für andere Zwecke als die, für die die personenbezogenen Daten ursprünglich erhoben wurden, nur zulässig sein sollte, wenn die Verarbeitung mit den Zwecken, für die die personenbezogenen Daten ursprünglich erhoben wurden, vereinbar ist. Auch auf Forschungszwecke wird explizit eingegangen: „Die Weiterverarbeitung für im öffentlichen Interesse liegende Archivzwecke, für wissenschaftliche oder historische Forschungszwecke oder für statistische Zwecke sollte als vereinbarer und rechtmäßiger Verarbeitungsvorgang gelten."

Gleichwohl sollte jedoch im Rahmen der Prüfung der Vereinbarkeit eine ähnliche Abwägung vorgenommen werden, wie sie die Datenschutz-

Grundverordnung etwa fordert, wenn die Datenverarbeitung auf Artikel 5 Absatz 1 Buchstabe f gestützt wird, d.h. die Daten müssen für den intendierten Forschungszweck

- geeignet sein: Die Maßnahme bewirkt die Erreichung des Forschungszwecks oder ist zumindest förderlich.
- erforderlich sein: Es existiert kein milderes Mittel gleicher Eignung, den Forschungszweck zu erreichen.
- angemessen sein: Die Maßnahme ist in einer grundrechtlichen Abwägung sämtlicher Vor- und Nachteile verhältnismäßig.

Insbesondere bei der Angemessenheitsprüfung kann man schnell zu dem Ergebnis kommen, dass es aufgrund der verbleibenden Risiken einer Re-Identifizierung nicht angemessen ist, (anonymisierte oder pseudonymisierte) Forschungsdaten offen zur Verfügung zu stellen. In solchen Fällen muss Forschung in geschlossenen Gruppen stattfinden und ggf. dürfen die Daten dann nur Berufsgeheimnisträgern zur Verfügung stehen. Berufsethische Regelungen und Berufsordnungen müssen daher darauf überprüft werden, ob sie ausreichend für die Risiken datengetriebener Forschung sind und den Anforderungen der (dauerhaften) Aufbewahrung in Forschungsdateninfrastrukturen genügen. Bereits 2015 hatte dies etwa die Deutsche Forschungsgemeinschaft in ihren Leitlinien zum Umgang mit Forschungsdaten gefordert.

6.4 Anonymisierung und Pseudonymisierung der Rohdaten

Sowohl bei der internen als auch bei der externen Nutzbarmachung von Rohdaten für Forschungszwecke nimmt die Anonymisierung und Pseudonymisierung der Rohdaten eine Schlüsselfunktion ein, bevor die Weitergabe und weitere Verarbeitung zu Forschungszwecken erfolgt.

Frühzeitiges und vollständiges Entfernen des Personenbezugs führt dabei bestenfalls dazu, dass die bereinigten, nun anonymen Daten nicht mehr in den Geltungsbereich der Datenschutz-Grundverordnung fallen. Der Erwägungsgrund 26 führt hierzu aus: „Die Grundsätze des Datenschutzes sollten [daher] *nicht für anonyme Informationen* gelten, d.h. für Informationen, die sich nicht auf eine identifizierte oder identifizierbare natürliche Person beziehen, oder personenbezogene Daten, die in einer Weise anonymisiert worden sind, dass die betroffene Person nicht oder nicht mehr identifiziert werden kann. Diese Verordnung betrifft somit nicht die Verarbeitung solcher anonymer Daten, auch für statistische oder für Forschungszwecke."

Dies trifft allerdings nur dann zu, wenn weder ein direkter noch ein indirekter Personenbezug herstellbar ist: „Um festzustellen, ob eine natürliche Person identifizierbar ist, sollten alle Mittel berücksichtigt werden, die von dem Verantwortlichen oder einer anderen Person nach allgemeinem Ermessen wahrscheinlich genutzt werden, um die natürliche Person *direkt oder indirekt* zu identifizieren..." (Erwägungsgrund 26).

- direkter Personenbezug: Das Bereinigen der Daten erfolgt, indem für alle Individuen jeweils alle Datenfelder (Attribute, siehe auch Abb. 3) entfernt werden, aus denen der Personenbezug ohne weiteres erkennbar ist (z.B. der Name einer Person).
- indirekter Personenbezug: Auch jene Datenfelder müssen in geeigneter Weise bereinigt werden, die mittels Verknüpfung mit anderen (internen oder externen) (heutigen oder künftigen) Daten die Rückführung des Personenbezugs mit einer gewissen Wahrscheinlichkeit ermöglichen könnten.

6.5 Privacy Design Principles

Insbesondere bei der Beseitigung eines indirekten Personenbezugs kommen die technischen Privacy Design Principles nach Hoepman (2014) zum Einsatz, wie sie in Abb. 3 dargestellt sind.

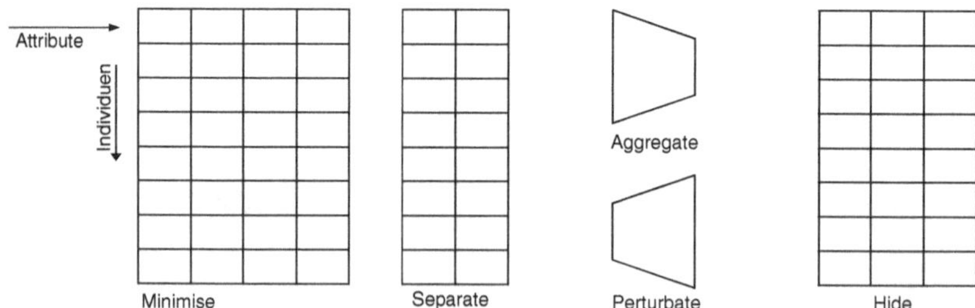

Abb. 3: Privacy Design Principles nach Hoepman (2014)

Neben den technischen Designprinzipien

- Minimise: nur notwendige Daten speichern und verarbeiten (z.B. Datenfelder entfernen),

- Separate: Daten verteilt verarbeiten und speichern (z.B. Trennung von identifizierenden Datenfeldern von den eigentlichen Forschungsdaten),
- Aggregate: Daten auf das notwendige Maß statistisch zusammenfassen (z.B. Speicherung des Durchschnitts mehrerer Datenfelder anstelle der Einzeldaten) oder vergröbern (z.B. Postleitzahlenbereiche anstelle der präzisen Postleitzahl),
- Perturbate: Daten durch zufällige Störungen ungenau machen,
- Hide: Daten nicht in offener Form speichern (z.B. durch Datenverschlüsselung),

nennt Hoepman auch organisatorische Designprinzipien, die bei der Konstruktion von datenschutzwahrenden Systemen angewendet werden sollen:

- Enforce: Durchsetzung einer Datenschutz-Policy (z.B. Implementierung von Zugriffskontrollmechanismen),
- Inform: Betroffene über die Datenverwendung informieren (z.B. Umsetzung von Informationspflichten und Transparenz),
- Control: Eingriffsmöglichkeit der und Überprüfbarkeit durch die Betroffenen (z.B. Einwilligung und Betroffenenrechte),
- Demonstrate: Überprüfbarkeit (z.B. Privacy Information Management Systeme, Protokollierung des Datenzugriffs).

Der Erwägungsgrund 26 weist leider nur etwas verklausuliert darauf hin, dass man bei der Annahme, die bereinigten Daten seien nun sicher gegen Re-Identifizierung, nicht zu optimistisch sein sollte: „Bei der Feststellung, ob Mittel nach allgemeinem Ermessen wahrscheinlich zur Identifizierung der natürlichen Person genutzt werden, sollten alle objektiven Faktoren, wie die Kosten der Identifizierung und der dafür erforderliche Zeitaufwand, herangezogen werden, wobei die zum Zeitpunkt der Verarbeitung verfügbare Technologie und technologische Entwicklungen zu berücksichtigen sind."

Nimmt man eine sehr strenge, kritische Sicht hinsichtlich der indirekten Personenbeziehbarkeit ein, d.h. bestenfalls muss die Wahrscheinlichkeit der Re-Identifizierbarkeit sehr nahe Null sein, wird man zu dem Ergebnis kommen müssen, dass aus der Sicht der Forschenden, die ursprünglich die Daten erhoben haben, bereits bestimmte Attributkombinationen geeignet sein werden, Eindeutigkeit und damit Re-Identifizierung herzustellen.

Im Zweifel haben dann, in Bezug auf die o.a. Abwägung der Risiken und in Anlehnung an Albrecht und Jotzo (2017) S. 75, die Rechte der betroffenen Person Vorzug und die Weiterverwendung von Daten zu Forschungszwecken scheidet aus. Zumindest wird aber auch nach erfolgter Anonymisierung oder Pseudonymisierung das Datenschutzrecht anwendbar bleiben (müssen).

Am Beispiel von (dynamischen) IP-Adressen kann man sehr anschaulich sehen, wie sich die Beurteilung von deren Personenbeziehbarkeit mit der Zeit gewandelt hat. Während man sich bei statischen IP-Adressen noch recht einig war, dass sie ein Personenpseudonym darstellen und damit personenbeziehbar sind, zweifeln heute selbst Skeptiker eines starken Datenschutzes nicht mehr daran, dass auch dynamische IP-Adressen personenbeziehbar sein können: In einem Urteil des EuGH vom 19. Oktober 2016 (Az. C-582/14) wurde festgestellt, dass für die Beurteilung des Personenbezugs von IP-Adressen der *Aufwand* zur Herstellung des Personenbezugs entscheidend ist. Das Gericht hatte festgestellt, dass es für die Annahme des Personenbezugs bereits genügt, über rechtliche Mittel zu verfügen, die eine verantwortliche Stelle in die Lage versetzen, die Zuordnung zu einer Person vorzunehmen.

6.6 Grenzen der technischen Anonymisierung und Pseudonymisierung

Mit Blick auf das Veröffentlichen von anonymen oder pseudonymen Forschungsdaten oder auch auf die rechtlichen Möglichkeiten, sich Zugang zu anonymen oder pseudonymen Forschungsdaten zu verschaffen (z.B. mittels Beschlagnahme durch Sicherheitsbehörden), wird wohl der überwiegende Teil der Forschungsdaten auch nach erfolgter Anonymisierung der Anwendbarkeit des Datenschutzrechts unterliegen, da mittels sog. quasi-identifizierender Merkmale (Quasi-Identifiers, QIDs) innerhalb der Datensätze eine Re-Identifierung möglich sein kann.

Sweeney (2000) hat etwa gezeigt, dass die Verknüpfung von Daten eines vermeintlich anonymen medizinischen Registers von US-Bürgern mit den öffentlich verfügbaren US-Wählerverzeichnissen dazu führte, dass knapp 90 Prozent der US-Bevölkerung re-identifiziert werden konnte (siehe auch Abb. 4).

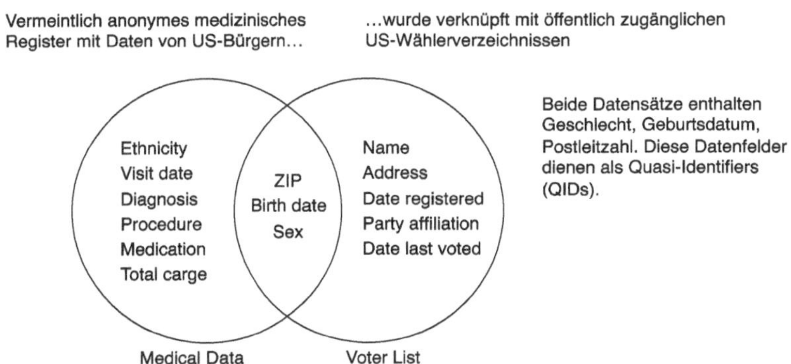

Abb. 4: Verknüpfung von Datensätzen mittels quasi-identifizierender Merkmale führt zur Re-Identifizierung

Aufsehen erregte dabei nicht nur dieser überraschend hohe Prozentsatz, sondern die Konkretheit dieses Ergebnisses auf einer sehr persönlichen Ebene: In dem anonymisierten Datensatz war auch die Krankenakte des ehemaligen Gouverneurs von Massachusetts, William Weld, enthalten. Die weiteren Arbeiten von Sweeney führten zur Einführung der k-Anonymität, eines seinerzeit neuen Anonymitätsmaßes, mit dem die Privatheit messbar gemacht wurde.

Ein weiteres recht anschauliches Beispiel für die Grenzen der Anonymisierung und die Mächtigkeit der Re-Identifizierung mittels QIDs ist der öffentlich abrufbare Datensatz „NYC Taxi Trips“ aus dem Jahr 2013. Die ca. 20 GByte Daten von ca. 173 Mio. Taxifahrten der New Yorker Taxigesellschaft enthalten jeweils die Uhrzeit, die geographischen Koordinaten sowie die Kosten einer jeden Fahrt. Daraus ließ sich etwa ermitteln, welche Fahrten zwischen Mitternacht und 6 Uhr morgens unternommen wurden, die in der Nähe eines New Yorker Nachtclubs begannen. Die Abb. 5 zeigt die kartierten Endpunkte dieser Fahrten.

Die Punkte markieren das Ende der Taxifahrten, die im Jahr 2013 in der Nähe von Larry Flynt's Hustler Club gestartet sind und zwischen Mitternacht und 6 Uhr morgens unternommen wurden.

Bildquelle:
http://content.research.neustar.biz/blog/differential-privacy/stripRaw.html

Abb. 5: Beispiel New-York-Taxi-Datensatz: Informationelles Selbstbestimmungsrecht kann durch ungenügende Anonymisierung von Open Data verletzt werden

Aus den geographischen Koordinaten der Endpunkte dieser Fahrten lässt sich vermutlich recht genau auf den Wohnort des Fahrgastes schließen. Mit derlei „Überraschungen" darf bei zunehmender Bereitstellung von Open Data in Zukunft gerechnet werden.

6.7 Offenheit als organisatorische Vorkehrung

Hoepman (2014) fordert wie bereits erwähnt auch organisatorische Designprinzipien. Insbesondere die Forderung einer Überprüfbarkeit der Systeme ist nicht neu, sie wurde etwa auch schon von Pfitzmann (1990) gefordert, der bei der technischen Systemgestaltung von Kommunikationsnetzen wie dem damaligen Telefonnetz und dem heutigen Internet die „Teilnehmerüberprüfbarkeit" gefordert hatte. Mit den heutigen Worten der Datenschutz-Grundverordnung würde man gern von Transparenz sprechen, wenngleich Artikel 5 DSGVO hier weniger die technische Gestaltung im Blick hat, sondern vielmehr auf einfache und verständliche Sprache abzielt. Dennoch sollten Forschungsdatenverarbeitungssysteme bestmögliche Transparenz im Sinne von Teilnehmerüberprüfbarkeit bieten. Um Begriffskollisionen zu vermeiden, bietet sich hier anstelle von Transparenz etwa der Begriff „Offenheit" an.

Die Schlüsseleigenschaften offener Systeme sind:

1. klar definierte Schnittstellen zum Zugriff,
2. quelloffene Softwaresysteme und
3. Offenlegung und damit gute Dokumentation des Systemdesigns.

Die Umsetzung von Offenheit aus Datenschutzsicht kann etwa mit der strikten Forderung einer Datenschutzfolgenabschätzung (DSFA) gemäß Artikel 35 DSGVO einhergehen. Diese beiden Anforderungen (Offenheit und Durchführung einer DSFA) könnten mindestens bei angedachter gesetzlicher Befugnis zur Forschungsdatenverarbeitung (also ohne Notwendigkeit einer Einwilligung und erst recht, wenn sogar ein Opt-Out ausgeschlossen wird) sowie bei der Verwendung der Daten in KI-Systemen, etwa zum Anlernen von solchen Systemen, rechtlich verankert werden.

Die mit der Nutzbarmachung von Daten für Forschungszwecke kaum noch zu haltende Zweckbindung führt auch dazu, dass auch ernsthaft darüber nachgedacht werden muss, den Begriff des personenbezogenen Datums neu zu bestimmen, wie etwa Hoffmann-Riem bereits 2018 vorgeschlagen hat.

Demnach sind personenbezogene Daten auch Daten, die als Ergebnis einer Big-Data-Analyse entstehen. Hierfür ist es zunächst nicht einmal unbedingt erforderlich, personenbezogene Daten zu haben; es genügt bereits die Herleitung aus statistischen Kenngrößen einer Population, etwa deren Gruppenzugehörigkeit. Wenn beispielsweise eine Person in einem bestimmten Stadtteil wohnt, können daraus je nach Kontext Annahmen über deren Finanzkraft, Herkunft, sexuelle Orientierung, Gesundheit und ähnliche Eigenschaften getroffen werden.

Hoffmann-Riem geht jedoch noch einen Schritt weiter. Seiner Auffassung nach sind auch Daten, deren Personenbezug durch Anonymisierung entfällt, weiterhin personenbeziehbar, d.h. die Möglichkeiten der De-Anonymisierung und Ableitung von Eigenschaften dürfen nicht unterschätzt werden. Die Möglichkeiten des New-York-Taxi-Datensatzes zeigen dies anschaulich.

Ebenso kritisch sind pseudonymisierte, aggregierte, perturbierte und verschlüsselte Daten zu betrachten. Insbesondere die Durchführung einer DSFA bietet hier Gelegenheit, die verbleibenden Restrisiken explizit zu machen.

Wenn die Nutzung personenbezogener Daten ein zu hohes Risiko für die Rechte und Freiheiten betroffener Personen darstellt, bleibt dann zumindest noch der Rückgriff auf synthetisch generierte Daten anstelle von personenbeziehbaren Daten sowie die Nutzung von Verfahren zum verteilten, föderierten Analysieren von Daten, d.h. die Daten werden an der Datenquelle analysiert und verbleiben ausschließlich im Verfügungsbereich des Verantwortlichen.

6.8 Grenzen der Betroffenenrechte und Informationspflichten

Insbesondere die Durchsetzung der Betroffenenrechte im Zusammenhang mit der Forschungsdatenverarbeitung kommt in der Praxis an ihre Grenzen. So ist etwa der wirksame *Widerruf* einer erteilten Einwilligung (Artikel 6 Absatz 1 Buchstabe a DSGVO) immer dann kaum möglich, wenn die Forschungsdaten an externe Dritte weitergegeben wurden bzw. als Open Data beliebig oft kopierbar sind.

Ebenso schwierig ist die Umsetzung des Rechts auf *Berichtigung* (Artikel 16 DSGVO), da die Weiterverarbeitung der Daten meist durch Verknüpfung mit anderen Daten geschieht, diese also ggf. in einen untrennbaren Zusammenhang mit anderen Daten gestellt werden, der das spätere Entfernen und Berichtigen von Einzeldaten nahezu unmöglich macht.

Ein aktuelles Beispiel für die Schwierigkeit der Umsetzung von Widerrufs- und Berichtigungsrechten ist etwa das Anlernen eines KI-Systems, in dem zwar die Daten in aggregierter Form in einem sog. Machine Learning Model (ML-Model) landen, allerdings kann je nach Parameterwahl (sog. Hyperparameter) eine Überanpassung (Overfitting) des ML-Models dazu führen, dass spezifische Eigenschaften einzelner Individuen, die in das Modell eingeflossen sind, bei der späteren Verwendung des KI-Systems Rückschlüsse auf den Einschluss von natürlichen Personen zulassen.

Zur Vermeidung derartiger negativer Sekundäreffekte beim Einsatz von KI-Systemen etabliert sich derzeit ein neues Teilgebiet der KI- und der Sicherheitsforschung, das sich mit sog. Privacy Preserving Machine Learning (PPML) auseinandersetzt. Eine Übersicht über die Risiken und die zur Abhilfe eingesetzten PPML-Methoden findet sich etwa in Stock et al. (2022).

Auch hinsichtlich der Informationspflichten (insbesondere bei der Dritterhebung gemäß Artikel 14 DSGVO) und des Auskunftsrechts (Artikel 15 DSGVO) werden die für die Datenverarbeitung Verantwortlichen an ihre Grenzen geführt. Da zum Zeitpunkt der Datenerhebung – mit Einwilligung oder auf Basis einer gesetzlichen Grundlage, z.B. gemäß § 27 Absatz 1 Bundesdatenschutzgesetz (BDSG) – oft noch nicht klar sein wird, welche Stellen später die Daten zur Kenntnis nehmen werden, können die

Informationspflichten nur unvollständig erfüllt werden. Zwar hat der Verordnungsgeber in Artikel 89 der DSGVO für die Forschung und Wissenschaft die Möglichkeit vorgesehen, Ausnahmen von den Betroffenenrechten gemäß der Artikel 15, 16, 18 und 21 DSGVO im Recht der Mitgliedsstaaten zu schaffen, von der der Bundesgesetzgeber im § 27 Absatz 2 BDSG für die Datenverarbeitung zu wissenschaftlichen und historischen Forschungszwecken sowie zu statistischen Zwecken Gebrauch gemacht hat, allerdings dürfte dies die Bereitschaft und das Vertrauen der betroffenen Personen in die Datenbereitstellung für Forschungszwecke nicht gerade stärken.

Besonders absurd wäre es, wenn zur Durchsetzung von Betroffenenrechten und Informationspflichten die Forderung erhoben würde, dass dafür explizit personenbeziehbare Daten gespeichert werden müssten. Die notwendige und wichtige Anonymisierung von Daten mag zwar technisch nicht immer zuverlässig und zweifelsfrei möglich sein, aber deswegen zur wirksamen Durchsetzung der Betroffenenrechte und Informationspflichten die explizite Speicherung von identifizierenden Merkmalen innerhalb der Forschungsdateninfrastrukturen zu fordern, wäre verbunden mit einer deutlichen Schwächung des informationellen Selbstbestimmungsrechts. Sie ist deshalb nach Artikel 11 DSGVO auch ausgeschlossen.

6.9 Schlussbemerkungen

Bei der Verwendung von Daten für die Forschung ist ein Zielkonflikt zwischen Nützlichkeit der Daten und Erforderlichkeit der Datenverarbeitung deutlich erkennbar. Das macht die Vereinbarkeit von Forschungsdatenmanagement mit den Datenschutzgrundsätzen nach Artikel 5 DSGVO fraglich.

Vertrauen schaffende Maßnahmen sind daher notwendig, um die Akzeptanz der betroffenen Personen zu verbessern. Forschungsdatenverarbeitung sollte sich demnach von Anfang an am Ziel ausrichten, so wenig wie möglich personenbezogene Daten zu verarbeiten, weil voller und reiner Personenbezug meist unnötig ist, denn Forschung orientiert sich im Wesentlichen an dem Ziel, Strukturbildung zu betreiben und neue Phänomene zu verstehen. Dafür mögen zwar präzise Daten über Individuen notwendig sein, jedoch ist ein unmittelbarer Personenbezug meist unnötig.

Daraus folgt, dass die Forschungsdatenverarbeitung von den technischen Möglichkeiten der Anonymisierung und Pseudonymisierung reichlich und konsequent Gebrauch machen sollte. Alle Daten sind, soweit es technisch möglich und zumutbar ist, vor der Datenweitergabe zu Forschungszwecken bzw. der Speicherung in Forschungsdatenbanken so zu reduzieren und zu verändern, dass kein Rückschluss auf die Identität einer natürlichen Person möglich ist.

Die technischen Möglichkeiten zur Anonymisierung und Pseudonymisierung sind heute sehr gut erforscht und auch mit dem aktuellen Stand der Technik gut nutzbar, so dass damit ein Grundschutz bezüglich des informationellen Selbstbestimmungsrechts ohne weiteres möglich ist.

Die Notwendigkeit einer rechtssicheren und jenseits der Einwilligung möglichen Datenverwendung zu Forschungszwecken wird auch im Zusammenhang mit der Verabschiedung eines Forschungsdatengesetzes gesehen. Dies darf jedoch nicht darüber hinwegtäuschen, dass alle technischen Maßnahmen zum Schutz betroffener Personen das Risiko einer Re-Identifizierung niemals vollständig beseitigen können, weil ein perfekter Schutz kaum möglich ist.

Gerade bei der Veröffentlichung als Open Data zeigen Beispiele aus der Vergangenheit, dass vermeintlich anonymisierte und pseudonymisierte Daten weit mehr Personenbezug aufweisen können als erhofft. Von daher sollten sensible Forschungsdaten – im Sinne einer vertrauensbildenden Maßnahme – zunächst besser in geschlossenen Forschungsgruppen und -datenbanken bleiben, deren Mitglieder klaren und strengen Verschwiegenheitspflichten unterliegen.

Literatur

Jan Philipp Albrecht, Florian Jotzo: Das neue Datenschutzrecht der EU. Baden-Baden 2017.

Deutsche Forschungsgemeinschaft: Leitlinien zum Umgang mit Forschungsdaten. Senat der DFG, 30. September 2015.

Jaap-Henk Hoepman: Privacy design strategies. In: Proc. 29th IFIP TC 11 International Information Security and Privacy Conference (SEC 2014). AICT 428, New York 2014, 446-459.

Wolfgang Hoffmann-Riem: Big Data – Regulative Herausforderungen. Baden-Baden 2018.

NYC Taxi Trips, http://www.andresmh.com/nyctaxitrips/, 2013.

Thomas Nowey: Konzeption eines Systems zur überbetrieblichen Sammlung und Nutzung von quantitativen Daten über Informationssicherheitsvorfälle. Wiesbaden 2009.

Joshua Stock, Tom Petersen, Christian-Alexander Behrendt, Hannes Federrath, Thea Kreutzburg: Privatsphärefreundliches maschinelles Lernen, Informatik Spektrum 45/2 und 45/3 (2022), 70-79, 137-145.

Latanya Sweeney: Simple Demographics Often Identify People Uniquely. Carnegie Mellon University, Data Privacy Working Paper 3. Pittsburgh 2000.

Mark D. Wilkinson et al.: The FAIR Guiding Principles for scientific data management and stewardship. Scientific Data 3, 160018 (2016).

Diskussion

Prof. Dr. Alexander Roßnagel, Hessischer Beauftragter für Datenschutz und Informationsfreiheit
Vielen Dank für den anregenden Vortrag. – Gibt es dazu Wortmeldungen?

Dr. Sachiko Scheuing, Acxiom Deutschland GmbH
Herr Prof. Dr. Federrath, vielen Dank für Ihren Vortrag. Sie haben von dem Problem gesprochen, der Herausforderung, dass man anhand der Merkmale die Individuen ableiten kann. Ich will sagen: Ja, deswegen machen wir synthetische Daten. Aber Sie haben das auch selbst schon gesagt.

Ein kleiner Kommentar dazu: Ich komme aus der Werbebranche. Bei uns ist die Forschung so: Wenn es einen Lift gibt – Lift heißt, anstatt Werbung zu zeigen, Fifty-fifty-Möglichkeiten zu haben, um mit der Werbung die richtige Person zu treffen – und fifty-fifty zu sixty-forty gemacht werden kann, ist das schon ein Erfolg. Diese Ungenauigkeit ist kein Problem.

Wir erzeugen unter anderem synthetische Daten. Dabei ist Schritt eins, was ich sehr schön finde, dass man die Originaldaten, die Beziehungen zwischen den unterschiedlichen Merkmalen studiert. Um diese Beziehungen und diese Struktur bauen wir, ohne sie kaputt zu machen, ein neues Fake, also synthetische Daten. Bei diesen synthetischen Daten ersetzen wir die Merkmale, z. B. dass jemand ein rotes Auto hat oder dass ein Haushalt zwei Kinder hat, durch ID-Nummern oder Codes. Damit sind diese Daten absolut anonym, aber gleichzeitig haben die Marketing Scientists die Möglichkeit, ein Formular oder Entscheidungsalgorithmen zu bauen. Letztendlich geht es nicht darum, die Individuen zu identifizieren, sondern Erkenntnisse zu gewinnen. Ich denke, das ist ein guter Ansatz.

Um noch ein wenig die statistischen Techniken zu kommentieren: Ich denke, die Anonymisierung von Merkmalen, Namen ist in manchen statistischen Techniken, z. B. bei der Cluster-Analyse, schon bekannt. Man weiß nicht, welche Ergebnisse herauskommen. Es ist in der Regel ein Prozess, den man für ein statistisches Paket benutzt, z. B. PSPP oder SPSS. Letztendlich sieht man verschiedene Gruppen, Verbrauchergruppen oder Viruskulturen oder was auch immer. Da braucht man die Kenntnis, welches

Merkmal was ist, auch nicht. Daher besteht ein verringertes Risiko zum Herleiten der Person, also Singling out dieser Person.

Was Homomorphic Encryption betrifft: Das haben wir noch nicht gemacht, aber wir studieren, wie wir das umsetzen können. Ich bin damit einverstanden. Wenn etwas auf anonymer Basis gemacht werden kann, dann sollte man das tun. Wir sind zurzeit aber immer noch zu begeistert von der Pseudonymisierung.

Christoph Reich, LL.M., Rechtsanwalt
Ich würde gerne noch einmal an die Lösungsansätze, die Lösungsideen anknüpfen. Sie hatten als Zwischenlösung für unsere jetzt doch weitreichend vorhandenen Rechenleistungen in der Breite – das kam auch schon in einem vorherigen Beitrag – von den Daten gesprochen, d. h. synthetischen Daten. Vielleicht können Sie ganz kurz erläutern, worin der Unterschied besteht. Könnte man von den synthetischen Daten nicht zum Schluss auch wieder Rückschlüsse ziehen, oder ist das dann technisch wirklich schon ein Schritt weiter?

Dr. Thilo Weichert, Netzwerk Datenschutzexpertise
Hannes, forscht ihr auch danach, wie dann diese technischen Möglichkeiten zum Persönlichkeitsschutz im Rahmen von Forschung oder von anderen Zwecken normativ so festgelegt werden können – außer dass man grundsätzlich eine große Folgenabschätzung fordert –, wie man das normativ so konkretisieren kann, dass die verschiedenen Verfahren auch einigermaßen greifbar und überprüfbar sind, z. B. für Gerichte?

Prof. Dr. Hannes Federrath, Universität Hamburg
Ich beginne am Schluss. Im besten Fall sind die Aussagen, die man im Rahmen einer Folgenabschätzung trifft, wenn Dinge offengelegt sind, sogar mathematisch beweisbar und auch geeignet, ein Gericht zu überzeugen. Wenn ich das mathematisch ausdrücken wollte, dann ist es so, dass es bestimmte Gesetzmäßigkeiten gibt. Wenn man nicht an diese Gesetzmäßigkeiten glaubt, weil es Gesetzmäßigkeiten sind, dann sollte man vielleicht nicht Richter sein. Insoweit sind sie natürlich in dem Moment überprüfbar, in dem sie mathematisch beweisbar sind.

Das schaffen wir heute nicht, das ist fast ausgeschlossen. Ich weiß, dass es für kleine Systeme geht, dass man etwa Korrektheitseigenschaften beweisen kann. Mit „kleine Systeme“ sind Systeme gemeint, die durchaus vernetzt sind, aber nicht die Größenordnung etwa eines großen CRM-Systems oder von Ähnlichem annehmen, wie es heute typischerweise eingesetzt wird. Aber Einzelsysteme lassen sich heute relativ gut bis hinunter auf die Code-Ebene beweisen. Dann lässt sich die Korrektheit dieser Funktionalität beweisen.

Was mathematisch niemals geht, ist, die Abwesenheit einer Funktion zu beweisen, d. h., dass es nicht doch einen verdeckten Kanal gibt, über den Informationsgewinn heimlich möglich ist. Das lässt sich nicht beweisen. Deswegen sind alle Verfahren, die letztendlich einen Informationsfluss, der nicht stattfindet, nachweisen wollen, darauf angewiesen, dass jemand als Mensch draufschaut, Plausibilitätsannahmen trifft usw. Insoweit muss man am Ende Papier lesen, Prosa, Analysen anschauen. Dann unterliegt es, würde ich sagen, einer freien Beweiswürdigung im Sinne solcher juristischen Formulierungen. Besser kriegen wir es leider nicht hin.

Bezogen auf die Korrektheit einer Funktion kriegen wir es heute besser hin, aber nicht bezogen auf die Abwesenheit, wie wir das auch nennen, eines trojanischen Pferdes. Man müsste zeigen, dass nichts anderes als das, was intendiert war, aus Daten herauszulesen ist. Das schafft man nicht.

Zu der Frage nach Lösungsansätzen im Zusammenhang mit synthetischen Daten: Ja, das ist völlig richtig. In dem Moment, in dem man synthetische Daten eigentlich nur als pseudonyme Daten versteht, die einem Transformationsprozess unterliegen, ist das tatsächlich so. Wenn ich jedes Geburtsdatum eindeutig in eine andere Zeichenkette überführe als die, die wir als Geburtsdatum verstehen würden – manchen von Ihnen sind vielleicht Hashfunktionen bekannt –, dann ist klar: Das gleiche Geburtsdatum wird immer auf den gleichen Hashwert abgebildet. Das ist eine Pseudonymisierung, das sind keine künstlichen Daten, also keine synthetischen Daten.

Synthetische Daten sind solche, die über einen Zufallsprozess entstanden sind. Dieser Zufallsprozess folgt der natürlichen Verteilung eines bestimmten Datenfeldes. Wenn ich beispielsweise weiß, dass bestimmte Datenfelder hinsichtlich ihrer Werte, die da auftauchen, normal verteilt sind, dann kann ich die Normalverteilung künstlich nachbilden, indem ich einfach Zufallszahlen nehme und gewissermaßen die Gauß-Kurve simuliere, also synthetisch herstelle. Das geht für andere Verteilungen auch. Sofern ich dies zur Grundlage mache, kann ich mit synthetischen Daten heute perfekt anonym arbeiten. Dann brauche ich keinen Transformationsprozess der Ursprungsdaten im Sinne einer Hashfunktion in die synthetischen Daten, sondern ich erzeuge einfach Daten echt zufällig neu.

Aber das ist auch der einfachste Fall, den ich gerade beschrieben habe. Dazu muss man viel über die Daten und ihre Beschaffenheit wissen, vor allem auch viel darüber wissen, was am Ende mit den Daten erforscht werden soll. Es gibt vielleicht auch nicht nur einen Transformationsprozess, sondern viele Transformationsprozesse, je nach Fragestellung einer konkreten Forschung.

Dem Statement zu Beginn kann ich weitgehend zustimmen.

Prof. Dr. Alexander Roßnagel, Hessischer Beauftragter für Datenschutz und Informationsfreiheit
Dann darf ich mich bei Hannes Federrath ganz herzlich für den Vortrag und die Diskussion bedanken.

7 Schlusswort

Prof. Dr. Alexander Roßnagel,
Hessischer Beauftragter für Datenschutz und Informationsfreiheit

Meine sehr verehrten Damen und Herren, wir sind am Ende des 25. Forums Datenschutz angelangt. Wir haben an diesem Nachmittag intensiv diskutiert, wie Forschung und Datenschutz gemeinsam das Ziel einer verantwortungsvollen Datennutzung erreichen können. Ich werde mich hüten, alle diese Diskussionen in einem Schlusswort zusammenfassen zu wollen.

Ich möchte aber festhalten, dass der Zugang der Forschung zu personenbezogenen Daten notwendig ist und wir dafür sorgen müssen, dass er möglich ist. Dabei muss die Beeinträchtigung anderer Grundrechte auf das absolut Unvermeidbare begrenzt sein.

Das heißt: In erster Linie müssen wir alle dafür sorgen, dass die Möglichkeiten der technisch-organisatorischen Gestaltung von Forschungsprozessen ausgereizt werden. Solange Forschungen mit anonymen oder künstlichen Daten oder mit Auswertungen in sicheren Datenräumen (am Ort der Speicherung, eventuell sogar auf dem Endgerät der betroffenen Person) oder unter Einbezug von Treuhändern und von diesen pseudonymisierten Daten möglich sind, sollten sie mit diesen Daten und nicht mit personenbezogenen Daten durchgeführt werden.

Nur soweit dies nicht möglich ist, sollten die personenbezogenen Daten möglichst mit Einwilligung der Betroffenen erhoben, übermittelt und verwertet werden. Über die Bedingungen einer freiwilligen und informierten und bestimmten Einwilligung wird noch zu diskutieren sein. Sie sollen einerseits eine Partizipation der betroffenen Personen an der Verwendung ihrer Daten für Forschungszwecke ermöglichen, andererseits aber Forschung nicht verunmöglichen.

Soweit bei der Verwendung von Sekundärdaten das Einholen von Einwilligungen nicht möglich ist, sollte der Gesetzgeber eine Abwägung vornehmen und Erlaubnistatbestände festlegen. Durch solche Forschungsdatenregelungen kann auch eine Harmonisierung von derzeit noch divergierenden Vorgaben erfolgen.

Jedenfalls ist es gut, dass die Konferenz der unabhängigen Datenschutzaufsichtsbehörden des Bundes und der Länder (DSK) in diesem Jahr den

Schwerpunkt ihrer Diskussionen auf dieses wichtige Thema „Forschung und Datenschutz“ legt. Zu diesem Thema wird die DSK Ende November 2022 in ihrer Petersberger Erklärung Thesen beschließen. Für diese Thesen werden wir die Anregungen des heutigen Forums berücksichtigen. Sie können sicher sein, dass wir, auch wenn die Thesen dann veröffentlicht worden sind, weiterhin in der Diskussion über die Frage bleiben, wie wir Datenschutz und die Nutzung von Forschungsdaten zusammenführen können.

Insofern bleibt mir jetzt nur noch, mich zu bedanken. Ich möchte mich bei allen Referenten und der Referentin für ihre interessanten Vorträge bedanken. Ich möchte mich bei allen Mitarbeiterinnen und Mitarbeitern der hessischen Datenschutzbehörde und der Landtagsverwaltung bedanken, die die durch ihre Vorbereitung und ihre Begleitung dazu beigetragen haben, dass diese Veranstaltung überhaupt stattfinden konnte. Stellvertretend möchte ich mich bei Frau Rost, Frau Treisbach, Herrn Scheck und Herrn Weirich bedanken. Schließlich möchte ich mich bei Ihnen allen für Ihre Teilnahme sowie Ihre engagierten Fragen und Beiträge bedanken.

Ich wünsche Ihnen einen guten Nachhauseweg und einen schönen Abend.

Zeitfracht Medien GmbH
Ferdinand-Jühlke-Straße 7
99095 Erfurt, Deutschland
produktsicherheit@kolibri360.de